U0956001

国家文化出口基地发展报告（2022）

向　勇　刘结成／主编

中国宇航出版社
·北京·

版权所有　侵权必究

图书在版编目（CIP）数据

国家文化出口基地发展报告. 2022 / 向勇, 刘结成主编. -- 北京 : 中国宇航出版社, 2023.8
ISBN 978-7-5159-2272-0

Ⅰ. ①国… Ⅱ. ①向… ②刘… Ⅲ. ①文化产业—传播—研究报告—中国—2022 Ⅳ. ①G124

中国国家版本馆CIP数据核字(2023)第151669号

策划编辑　洪　宇　　封面设计　王晓武
责任编辑　洪　宇　　排版制作　史凤仙

出版发行　中国宇航出版社
社　址　北京市阜成路8号　　邮　编　100830
(010)68768548
网　址　www.caphbook.com
经　销　新华书店
发行部　(010)68767386　　(010)68371900
(010)68767382　　(010)88100613(传真)
零售店　读者服务部
(010)68371105
承　印　北京厚诚则铭印刷科技有限公司
版　次　2023年8月第1版　　2023年8月第1次印刷
规　格　710×1000　　开　本　1/16
印　张　15.5　　字　数　260千字
书　号　ISBN 978-7-5159-2272-0
定　价　99.00元

本书如有印装质量问题，可与发行部联系调换

编委会

主　编： 向　勇　刘结成

副主编： 钮沭联　赵卫丽

成员（按姓氏拼音排序）：

陈　浩　陈汐玥　陈旭春　陈　勇　程新裕　代　斌

戴　悦　段海霞　范博文　格桑罗布　郭海松　郭中阁

花　蕾　康安宁　赖可坚　李凝一　李　莹　李子彪

梁真瑜　刘　斌　刘　佳　龙　霄　米艳霞　秦　川

秦志国　沈述宜　沈玉良　石健敏　苏衍年　王韶菡

温玉华　文爱心　吴　晗　吴清吉　吴双君　徐铭泽

许国侠　杨新宇　余姣卓　张艺璇　张翊飞　赵依芳

郑海峰　郑雨琦　周　润　周　艳　朱　粲　庄　谨

左艳荣

支持单位：国家文化出口基地联席机制

研究单位：北京首都国际机场临空经济区管理委员会

　　　　　北京大学文化产业研究院

前言

文化软实力是国家综合国力的重要组成部分。党的二十大报告在论述“铸就社会主义文化新辉煌”时指出，我们要“增强中华文明传播力影响力。坚守中华文化立场，提炼展示中华文明的精神标识和文化精髓，加快构建中国话语和中国叙事体系，讲好中国故事、传播好中国声音，展现可信、可爱、可敬的中国形象。加强国际传播能力建设，全面提升国际传播效能，形成同我国综合国力和国际地位相匹配的国际话语权。深化文明交流互鉴，推动中华文化更好走向世界。”扩大文化外交，加强文化交流，增强对外文化贸易，是提高国家文化软实力，增强中华文明传播力影响力的重要途径。当前，世界百年未有之大变局加速演进，新一轮科技革命和产业变革深入发展，国际力量对比深刻调整，经济全球化的历史大势不可逆转。文化产品和服务的国际交流与合作变得愈发紧密、频繁和便捷。2022 年 7 月，商务部等 27 个部门印发《关于推进对外文化贸易高质量发展的意见》，对于把握数字经济发展趋势和规律，激活创新发展新动能，推进对外文化贸易高质量发展，更好服务构建新发展格局和文化强国建设起到了积极的推进作用。

对外文化贸易包括文化产品与服务的出口贸易，是国际对外贸易的重要组成部分。为贯彻落实党中央、国务院决策部署，推动对外文化贸易高质量发展，2017 年起，商务部会同中央宣传部等部门启动了国家文化出口基地建设，截至目前，已联合认定了29家国家文化出口基地。作为对外文化产品和服务的集聚地，国家文化出口基地积极承担起“以文化出口为导向，具有较强辐射力的功能载体，打造我国文化贸易的竞争新优势”的重大使命，不仅提供国际文化交流与产品展示的窗口，还为文化创意企业提供政策支撑、人才培训和平台扶持，有效整合资源，充分引入资金和技术支持，推动地方文化资源向高品质文化产品和服务的创造性转化，推动区域文化产业高质量发展。各基地自认定以来，积极创新支持政策，培育市场主体，开拓海外市场，发展动能不断增强，集聚效应逐步显现，推动了地方充分就业，传承发展了地方优秀传统文化和产业，产生了积极的社会效益和经济效益。当前，推动国家文化出口基地高质量发展，不断扩大我国文化产品和服务出口规模，优化文化产品和服务出口结构，提升文化产品和服务出口质量，推动更多彰显中华文化内涵的优秀作品“出海”，是新时代我国推动对外文化贸易，推动文化产业高质量发展的重要举措。

国家文化出口基地高质量发展有利于我国开辟新的国际文化市场、增强文化产业整体竞争力。文化产品和服务的出口，有助于提升我国出口产品与服务的附加值水平，从而推动我国外向型产业结构的转型升级。当前，我国文化产品出口稳居全球第一，文化服务出口占服务贸易的比重持续提升，文化贸易新业态和新模式不断涌现，培育了一批具有国际影响力的文化企业、文化产品和文化品牌，对外文化贸易发展取得明显成效。在未来，国家文化出口基地将继续重点培育网络文化、特色手工艺、文化装备业等优势文化产业，进一步助力我国对外文化贸易高质量发展。

国家文化出口基地高质量发展有助于加强中华文化影响力，塑造可爱、可亲、可敬的中国形象。中国拥有百万年的人类史、一万年的文化史和五千多年的文明史，那些悠久深厚的传统文化和灿烂瑰丽的时代文化，不仅为中国人民提供了强大的文化认同，也吸引着越来越多的海外民众的浓厚兴趣。依托国家文化出口基地的集聚效应和辐射能力，可以有效地推广自身的价值观念，展示中华文化的优秀传统，传达中华文化的精神魅力和时代风韵，在增强中华文化影响力和认可度的同时，促进不同文明之间的交流与互鉴，实现文化多元化的人类文明发展目标。

国家文化出口基地以平台化的管理方式，依托于国家部委的宏观指导，结合各种政策支持与配套机制，帮助文化企业面向海外推广开展核心业务，为文化企业提高国际竞争力提供强有力的支持。国家文化出口基地的建设是一条中国特色文化产品集聚发展的现代化探索之路，很难从其他国家获取直接、有益的经验借鉴，需要自力更生，不断开拓创新。当前，国家文化出口基地的建设，仍然要在不断摸索和总结经验的基础上，促进不同基地之间的交流与合作，互通有无，彼此借鉴，共同学习，携手并进。通过不断的价值反思和经验总结，提炼出一套富有指导意义的发展思路和建设体系，进一步扩大基地建设的对象与领域，积极应对外部环境的种种考验，为推动我国文化产品与服务的出口不断完善政策体系，凝聚发展合力。

《国家文化出口基地发展报告（2022）》（以下简称“该研究报告”）是在中华人民共和国商务部服务贸易和商贸服务业司的指导下，在国家文化出口基地联席机制29家成员单位的支持下，受北京首都国际机场临空经济区管理委员会委托，由北京大学文化产业研究院组织全国对外文化贸易专家教授和青年学者编撰而成。该研究报告通过大量的数据整理和深度访谈，梳理了我国29家国家文化出口基地的总体情况、发展现状、基本特色和创新模式，对出口基地的发展经验、存在问题和未来展望进行了充分研究，并与部分发达国家的实践经验进行了比较分析，提出了进一步推动出口基地高质量发展的策略建议。

该研究报告共分为三篇：

第一篇为总报告，包括五个部分，详细分析了国家文化出口基地的发展现状、取得成效、机遇挑战和未来建议。报告指出，国家文化出口基地因其不同的发展规模与主导产业，可以划分为“聚焦核心型”“一核多产型”和“多产开花型”三种类别，呈现出战略创新、业态创新、平台创新、科技创新、故事内容创新和服务创新等六大特点。研究报告归纳了当前出口基地在发展实践过程中面临的产业转型、内部平衡、附加值提炼、形象传播、统计规范和版权保护等主要问题，最后从整体和类别的不同角度，提出了针对性的发展建议。

第二篇为分报告，分别对29家国家文化出口基地的基本情况进行了详细分析，总结了出口基地的发展现状、发展举措和未来规划，充分展现出当前阶段各出口基地的产业特色与个性模式。

第三篇为国际案例，分别以美国、英国、日本、德国、法国的对外文化贸易政策和文化创意集聚区为分析对象，探讨了这些国家推动对外文化贸易的战略特点、产业特色、平台建设以及政策措施，总结出可供中国进一步加强对外文化贸易借鉴的经验。

总之，新时代推动国家文化出口基地高质量发展，是解放和发展文化生产力，健全现代文化产业和文化市场体系，推动对外文化贸易高质量发展的重要途径，是推进社会主义文化强国建设的重要举措。该研究报告通过对国家文化出口基地的分析和研判，希冀为出口基地高质量建设提供启发性的思考和指导性的建议。我们相信，国家有关部委将不断推动国家文化出口基地的建设与发展，不断促进我国文化产品和服务的出口，助力中华优秀文化在国际舞台上展现辉煌灿烂的时代魅力，充分展示中华文明突出的连续性、创新性、统一性、包容性、和平性，为世界和平与发展，为创造人类文明新形态做出新的更大贡献。

该研究报告由北京大学艺术学院教授、文化产业研究院院长向勇担任首席专家，研究团队包括北京大学文化产业研究院院长助理、副研究员刘结成，上海大学文化遗产与信息管理学院讲师、北京大学艺术学院博士后王韶菡，东方意象文创机构规划总监郭海松及其团队，北京大学艺术学院博士生朱粲、郑雨琦、张艺璇，北京大学新媒体研究院博士生沈述宜，北京大学艺术学院硕士生张翊飞、徐铭泽、康安宁，北京大学艺术学院本科生吴双君、陈汐玥，北京大学政府管理学院本科生周润。研究团队在该研究报告的编撰过程中齐心协力，克服新冠疫情带来的不便，共同完成资料整理、访谈调研、报告撰写和修改完善等工作。该研究报告的编撰得到了商务部服务贸易司、北京天竺综合保税区以及其他国家文化出口基地负责人的大力支持，得到中国宇航出版社领导和编辑的支持与帮助，在此表示衷心感谢。由于本研究团队的能力水平有限，该研究报告还存在诸多不足，敬请各方面人士批评指正。

编委会

2023 年 6 月 30 日

目 录

CONTENTS

第一篇

国家文化出口基地发展总报告（2022）

国家文化出口基地的设立，既是我国对外开放的重要举措，也是服务国家重大战略的务实之举，自2018年首批名单被认定以来，至今已经初步探索出了一条有效的路径。二十大报告提出，我们要推进高水平对外开放，提升贸易投资合作质量和水平。同时，我们也需要深化文明交流互鉴，推动中华文化更好走向世界。因此，国家文化出口基地的建立与发展有助于从多个维度上促进我国对外文化贸易高质量发展，提升中华文化“走出去”的水平和效益，增进中外文明交流互鉴。在新冠疫情肆虐及国际环境急剧变化的背景下，2021年我国对外文化贸易增长态势持续平稳，总额达到2000.3亿美元，同比增长38.7%。其中，文化产品进出口额1558.1亿美元，同比增长43.4%，文化服务进出口额442.2亿美元，同比增长24.3%。快速增长的背后有三个明显的变化：以网络游戏、网络文学、网络视听等为代表的数字文化贸易成为出口“急先锋”；影视剧、创意产品和品牌形象等内容出口发展迅速，相关文化产品和服务广受欢迎；与“一带一路”沿线国家和地区的对外文化贸易规模逐步扩大，特别是出版物、工艺美术品及收藏品、文化用品进出口额有较快增长。

近年来，我国持续推进国家文化出口基地建设，对外文化贸易结构逐步优化，文化服务质量和国际竞争力不断提升。2022年7月，商务部等27部门联合印发《关于推进对外文化贸易高质量发展的意见》（以下简称《意见》），围绕深化文化领域改革开放，激活创新发展新动能，激发市场主体发展活力，拓展合作渠道网络，加强组织保障等方面，提出了28项具体任务举措，支持扩大优质文化产品和服务进出口，积极推动中华文化“走出去”，促进文明交流互鉴，建立顺应数字化发展趋势，符合高质量发展要求，聚焦对外文化贸易发展目标的制度框架和政策体系。

一、国家文化出口基地发展现状

截至 2021 年，我国共有两批次共计 29 家国家文化出口基地授牌成立。自 2017 年商务部会同中央宣传部、文化和旅游部、国家新闻出版广电总局等部门启动国家文化出口基地建设以来，我国对外文化贸易逐步向高质量发展模式迈进。2018 年 6 月 11 日，商务部等四部门印发认定首批 13 家国家文化出口基地的公告；2021 年 8 月 26 日，认定第二批 16 家国家文化出口基地。

国家文化出口基地的成立切实推进了我国对外文化贸易发展，推动我国文化产业进一步迈向更高台阶。部委办、各省厅局、基地所在地市（区）政府及管理委员会三级联动，以政策优化、资金支持、平台搭建等方式，推动各地文化贸易发展，正逐步将国家文化出口基地建设成为我国对外文化贸易的聚集地和各地文化出口的主力军。据初步测算，29 家基地 2021 年出口额超 167.7 亿美元，占我国总体文化出口总额超 11%。各基地共有入选《2021 ～ 2022 年度国家文化出口重点企业目录》企业 121 家，占全国总数的三分之一。各基地积极探索文化出口新模式，以在地文化市场为基准，孵化文化出口新业态，并立足国际视角，深挖在地文化资源，结合新兴科技手段，在适应后疫情时代国际文化市场环境的同时，创新资源流通机制，领航文化产业管理和服务创新，坚持“一地一策”的发展思路，各基地呈现出了“聚焦核心”“一核多产”“多产开花”三种发展模式。

（一）聚焦核心型

整合区域资源，聚焦支柱产业。上海市仓城影视文化产业园区，浙江省浙江数字文化国际合作区、四川省自贡市、山东省淄博市博山区、江西省景德镇市、湖南省醴陵市等国家文化出口基地，秉持专注精神，从改善基础设施，激发科技创新，细化政策服务，布局金融扶持，优化产业生态等方面，将“专研”赛道做深做实，走出了“聚焦核心”的高质量发展模式。

上海市仓城影视文化产业园区国家文化出口基地聚焦影视产业，紧抓“把松江打造成世界级科技影视之都”的历史机遇，做深做细各项服务，通过完善基地产业功能板块，优化产业发展服务平台，推进基地重点项目建设，创新管理服务机制和优化基地营商环境等举措，扎实推进基地转型升级。2021年，基地文化出口额达 1.51 亿美元；同年的文化产值总额共计 167 亿元，占上海市松江区国内生产总值（GDP）的 9.5%，占上海市 GDP 的 0.38%。

浙江省浙江数字文化国际合作区国家文化出口基地以影视剧为对外贸易的主要出口产品，还依托浙江省文化产业和数字贸易的独特优势，围绕动漫文创、网络文学、数字音乐、互动娱乐等文化产业进行空间布局建设。2021年实现文化产业增加值 2.96 亿元，影视文化出口额 1166 万美元，同比逆势增长 76%。截至 2021 年，基地已将 10 多万个小时中国影视精品，行销全球 180 多个国家和地区。例如《长歌行》《以家人之名》《我和我们在一起》《八零九零》等近 70 部各类主旋律、现实主义和优秀古装题材的新剧和次新剧（首播后的二轮及多轮剧），已出口到韩国、越南、新加坡、日本、马来西亚、美国、加拿大、非洲、阿拉伯等国家和地区，同时新开拓印度、中东等国家和地区。

四川省自贡市国家文化出口基地聚焦彩灯产业，抢抓融入成渝地区双城经济圈建设重大战略机遇，深入实施“彩灯+”“+彩灯”“彩灯进家庭进社区”计划，成功打造“世博会+彩灯”“进博会+彩灯”“五粮液+彩灯”“西博会+彩灯”等合作项目。截至目前，基地入驻文化企业2000余家，文化贸易备案企业计177家，与全球80多个国家和地区开展贸易往来，彩灯和仿真恐龙产业占据国内85%和国外92%的市场份额。2021年，基地有45家有文化贸易实绩企业与40多个国家和地区开展贸易往来，在美国、英国、法国、荷兰等国开展彩灯项目50个，实现文化出口2838万美元，其中文化服务出口1226万美元，文化产品出口1612万美元，有10家企业和5个项目入选2021～2022年度国家文化出口重点企业和国家文化出口重点项目名单，2个项目入选文化和旅游部2021年“一带一路”文化产业与旅游产业国际合作重点项目名单。

山东省淄博市博山区国家文化出口基地聚焦“陶琉文化”，积极发挥传统优势工艺品制造业的示范带头作用，形成协同发展、相互促进的文化产业体系，实现传统工艺品制造产业链向“产品+文化+艺术+工程+珠宝”的产销营一体化产业链升级，向纵深拓展，促进全区158家文化出口企业“抱团发展”，形成集群优势。2021年基地文化及相关产业增加值达10.15亿元，占GDP比重4.3%。

江西省景德镇市国家文化出口基地聚焦陶瓷产业，集中力量拓展陶瓷制造业发展空间，在加强组织领导、强化规划引领、促进电商发展等方面打出“组合拳”，对全市文化贸易工作进行专项指导，统筹协调重大问题，并通过设立金融法庭、普惠金融服务中心、中国银行陶瓷文化支行、景德镇陶瓷交易所等机构，向基地文化企业提供针对性的金融服务。2021年，基地文化出口额26.2亿元（包含供货出口），文化及相关产业增加值76.1亿元，占GDP

比重达 6.9%。

湖南省醴陵市国家文化出口基地聚焦陶瓷和花炮制造业，坚持以文立市，以文兴产，以文促旅，积极探索文化产业发展长效机制，形成了以传统产业为核心，集创意设计、文旅产业、展会展览等于一体的系统化制造产业链。至 2021 年底，基地有文化企业 835 家，文化产业从业人员 12.2 万人，占从业总人数的 19.3%，实现文化产业总产值 290 亿元，增加值 119.2 亿元，占全市 GDP 比重为 13.9%，文化产业出口额 15.4 亿元，占基地外贸出口总额比重的 37.6%。

（二）一核多产型

以核心产业与核心资源为主导，北京天竺综合保税区、广东省广州市番禺区、安徽省合肥市蜀山区、西藏文化旅游创意园区、湖南省长沙市、湖北省武汉东湖高新技术开发区、云南省昆明市等国家文化出口基地充分发挥集聚、引领和辐射作用，培育了一批具有较强国际竞争力的文化企业，形成了“一核多产”的发展态势。

北京天竺综合保税区国家文化出口基地以文化艺术品文化国际交流和跨境贸易为核心，基地引入国际文物交流、艺术品保税贸易和艺术品贸易服务方面的领军企业和机构，重点打造文化贸易交流和服务平台，促进具有服务贸易特色的产业聚集。2021 年，基地文化类企业实现营业收入 12.66 亿元，同比增长 18.9%；实现进出口额 19.6 亿元；实现利润 1.07 亿元，完成属地税收 1.18 亿元。截至 2021 年 12 月底，文化类企业资产总计 114.73 亿元，基地企业达到 124 家。

广东省广州市番禺区国家文化出口基地以珠宝产业为核心，坚持“文化

+设计”“文化+艺术”“文化+数字”理念，以核心支柱产业带动灯光音响、动漫游艺、文化旅游和互联网新业态等多产业协同发展，成为全国最大珠宝首饰生产制造基地、全球著名珠宝品牌集聚地。基地通过出台扶持措施、深化产业布局、优化发展环境、促进合作交流等举措，大力推动文化产业和贸易高质量发展。2021 年，基地实现营业收入 593.54 亿元。截至 2021 年底，资产总计 960.43 亿元。2021 年基地文化出口额达 43.75 亿美元，文化出口产品和服务辐射全球 150 多个国家和地区，与“一带一路”沿线 30 多个国家开展业务往来。

安徽省合肥市蜀山区国家文化出口基地以出版传媒业为核心，积极利用各项利好政策来吸引文化出口方面的企业入驻。截至 2021 年，基地内已经有 10 家国家级、省级文化出口重点企业，基地国家级、省级重点文化企业数及重点项目数均占全省 30%。集聚各类文化出口企业近百家，涵盖版权贸易、图书、动漫手游、文化用品等出口产品和服务，辐射全球 110 多个国家和地区，与“一带一路”沿线 35 个国家开展了贸易往来。2021 年，全区文化产品和服务进出口额实现 1.65 亿美元，同比增长 10.1%，约占安徽省文化产品进出口总额的 10%；规模以上文化企业 80 家，占合肥市比重为 17.3%；营业收入预计达 287.2 亿元，占全市比重为 25.6%，文化产业增加值及占 GDP 比重预计达 5%。

西藏文化旅游创意园区国家文化出口基地自 2018 年授牌以来，以推广和传播西藏文化为宗旨，以文旅产业为核心，联动相关产业共同发展，坚持社会效益和经济效益并重，推动西藏特色文化“走出去”。基地始终坚持稳中求进、进中求好、补齐短板的工作总基调，已经形成“吃、住、行、游、购、娱”有机联动的文旅产业链体系；国际合作方面，基地与尼泊尔联合推进《尺尊公主》喜马拉雅文化旅游创新发展项目，在解决当地的就业和教育问题的同时，具象中国企业的国际形象，于潜移默化中传播中华文化。

湖南省长沙市国家文化出口基地以发展综合性文化创意产业为目标，同步提升广电、出版、演艺等品牌，并打造新媒体平台的发展。2020 年，基地文化产业增加值实现 694.43 亿元，同比增长 3.1%，基地内规模以上文化企业达 1000 家，吸纳就业人数 13.83 万人。搭建公共平台，以“两山”（马栏山视频文创产业园、岳麓山大学科技城）为引领，推动长沙信息产业园、长沙天心文化（广告）产业园、后湖文化艺术园等品牌园区差异化、特色化发展。同时，基地根植本地非物质文化遗产，支持湘绣、湘瓷、烟花、动漫、出版、影视及衍生品等具有湖湘文化标识的文创企业、文化产品走出国门、走向世界，鼓励企业积极参加中国（深圳）国际文化产业博览交易会（简称“文博会”）等重点展博会。

湖北省武汉东湖高新技术开发区国家文化出口基地以数字电竞产业为核心，形成了以动漫设计、游戏研发、数字营销、电竞直播为特色，涵盖视频制作、数字出版、虚拟现实技术（Virtual Reality，VR）/ 增强现实技术（Augmented Reality，AR）、创意教育培训等以文化和科技深度融合为主体的数字文化产业发展格局。2021 年，基地文化进出口总额 35.47 亿元，同比增长 28.2%。其中全年文化服务进出口总额 28.05 亿元，同比增长 13%，产品进出口额 7.42 亿元，同比增长 550.54%。2021 年基地拥有数字创意企业 210 余家，上下游产业链企业近 500 家，实现营业收入近 260 亿元。其中，2021 年，微派网络、传神语联网、明捷科技、动游网络、多比特信息等 5 家企业入选国家文化出口重点企业；武汉微派网络科技有限公司研发的拥有全球 5 亿用户的知名游戏《贪吃蛇大作战》、传神语联网打造的“国际影视文化译制服务平台”获批国家文化出口重点项目。

云南省昆明市国家文化出口基地以建立国际传媒产业为核心，作为全市对外文化开放前沿的重要内容和有效支撑，培育了一批主业突出，规模和品牌效应明显，具备较强国际影响力的龙头企业。其中，昆明新知集团在柬埔寨、南非等 9 个国家建立了国际连锁华文书局；南数传媒有限公司拥有老挝北部 3 个省 6 级地面数字电视传输网及电视台的特许经营权；皇威传媒在老挝、缅甸、孟加拉国等国建立了海外译制中心；在缅甸、马来西亚、泰国、老挝建设四所海外“昆明书屋”；举办中国—南亚博览会（简称“南博会”）、中国国际旅游交易会（简称“旅交会”）等品牌展会；对外缔结国际友好城市，在南亚和东南亚的友城数量居全国第一。此外，在本土文化数字化发展方面，云南唐工坊文化产业园发展有限公司“唐工坊文创园”、云南杨丽萍文化传播股份有限公司“杨丽萍艺术对外文旅融合”等 6 个项目入选国家文化产业发展项目库。

（三）多产开花型

为推动地区文化贸易高质量发展，加速培育地方文化出口竞争新优势，北京市东城区、北京市朝阳区、上海市徐汇区、江苏省无锡市、广州市天河区等国家文化出口基地综合挖掘区位优势及文化产业发展经验，鼓励多产业齐头并进，积极构建综合性产业结构，深化文化、旅游、媒体、教育等多领域交流合作，扩大文化产品和服务贸易的规模，形成“多产开花”的基地发展格局。

北京市东城区国家文化出口基地抓住其作为首都功能核心区及全国文化中心核心承载区的关键角色，深挖基地内文化资源与文化贸易禀赋优势，集聚了包括锋尚文化、中文在线、光线传媒、保利拍卖、嘉德拍卖等一系列具有国际竞争力的文化企业，文化产业领先优势明显，文化领军企业发展强劲，文化生产、交流、贸易活跃，为提升中华文化软实力提供了有力支撑。2021年，基地文化产业增加值350亿元，年均增速达到7%，占GDP比重达到10%左右；国家文化出口重点企业12家，文化进出口额突破5.19亿美元。

北京市朝阳区国家文化出口基地于2021年8月26日正式授牌。2020年，基地文化产业实现增加值595.3亿元，占GDP比重8.5%。截至2021年底，基地登记注册文化企业达9万余家，规模以上文化企业2382家，约占全市43%，数量居全市首位，其中138家重点文化企业进出口总额达17.17亿美元。基地大力促进文化科技融合发展，聚焦网络新视听、数字出版、数字广告、影视传媒、网游动漫、数字音乐、电子竞技、互动娱乐等数字文化新业态，重点发展对外数字文化贸易，聚集了掌阅科技、阿里文娱、快看漫画、泡泡玛特、得到等一批数字文化出口企业，以加速融入全球数字文化产业国际分工体系，推动实现更多数字内容产品的跨境交易。此外，基地积极创新精准服务模式，依托文化企业信用促进会、文化金融服务中心等平台，鼓励企业利用各类资本市场融资，已为1323家文化企业通过信用评级获得融资约234亿元。

上海市徐汇区国家文化出口基地聚焦艺术贸易、数字动漫、知识产权、新闻出版等重点领域，从“医、教、文、娱”等多维度推进文化“走出去”的国际化发展战略。利用西岸艺术品保税仓库为国际知名艺术机构提供展览服务，并结合人工智能技术推动全球艺术品的线上交易；聚集包括米哈游、腾讯、巨人、游族等数字文化龙头企业，推动中文文化产品走向全球；基地还拥有上海知识产权交易中心、上海知识产权保护中心、上海市知识产权服务行业协会、上海市商标品牌协会，以及160余家知识产权服务机构，为基地内文化产品“出海”保驾护航。此外，基地内以上海交通大学出版社为代表的新闻出版企业近三年输出了250余项学术著作版权，增强了中国学术著作的国际影响力和行业话语权，向国际社会传达立体而真实的新时代中国声音。

江苏省无锡市国家文化出口基地坚持积极“引进来”和主动“走出去”并重，培育无锡国家数字电影产业园、国家工业设计院、国家软件园等17个集聚度高的文化产业园区（其中国家级5个），实现影视文化制作交易、网络文化传播、创意文化设计、特色民族文化产品、数码文化产品、文化旅游等领域百花齐放，推动全市文化贸易健康有序发展。基地累计已获评11家国家重点文化出口企业和3个国家重点文化出口项目，2021年文化产业增加值592.34亿元，占GDP的比重为4.23%。

广州市天河区国家文化出口基地拥有国家软件产业基地、国家网络游戏动漫产业发展基地、国家音乐产业基地、国家文化出口基地、国家文化产业示范基地、国家数字服务出口基地、全国知名品牌创建示范区等多个“国”字招牌，为文化产业发展提供了重要载体。基地已基本形成以游戏动漫、电子竞技、数字音乐、创意设计等新兴文化创意产业引领发展，演艺、影视、图书批发零售等传统文化产业辅助发展的格局。2021年，基地文化产品进出口总额为1.9亿美元，其中文化产品出口额为1.27亿美元，文化产品进口额为0.63亿美元。

二、国家文化出口基地发展成效

开展国家文化出口基地建设是我国推动对外文化贸易创新发展、推进文化强国建设的一项重要举措。自 2018 年商务部等相关部门共同开展国家文化出口基地建设以来，29 家国家文化出口基地积极作为、主动担当，起到了带动我国文化出口增量提质、优化文化贸易结构、助力中华文化“走出去”的重要战略作用。从战略、业态、平台、技术、故事内容、服务六个维度，国家文化出口基地已经自发走出了一条六大创新发展道路。各基地正在成为具有国际影响力的文化科技关键技术攻坚地、创新要素聚集地和机制创新策源地，为 2035 年文化强国顺利建成提供有力支撑。

（一）战略创新

根据调研，全国 29 家基地基本都根据自身情况，在充分挖掘区位特征、结合产业优势、梳理发展趋势的基础上，坚定“一地一策”的创新发展思维，制定了差异化、在地化、特色化的顶层战略规划，明确自身发展定位和方向，各基地之间形成错位发展的新格局，并稳步推进和实施战略规划的顶层设计。

与山西、安徽、湖北、江西、湖南等文化产业发展水平中等的中部地区，以及四川、云南、西安、西藏等民族特色文化底蕴丰富的西部地区相比，北京、上海、广州、浙江、江苏、山东、福建等东部地区省（市）的国家文化出口基地数量更多，各项政策更为完善，基地发展战略和具体的定位更为明确且具有区位性特征。

东城区是北京文物古迹最为集中的区域，辖区内拥有国家级文物保护单位 16 处，占北京市的 37%；市级文物保护单位 60 处，占全市的 24%；区级文物保护单位 57 处。东城区坚持“崇文争先”理念，以文化引领城市发展，积极构建高精尖产业结构，发挥集聚、引领和辐射作用，辖区内拥有国家文化出口重点企业 12 家，文化进出口额突破 5.19 亿美元，包括中国出版集团有限公司、保利文化集团股份有限公司、北京光线传媒股份有限公司、中国对外文化集团有限公司、北京演艺集团有限责任公司等，驻区企业总数居全国首位。朝阳区以加强对外贸易为核心目标，充分发挥建设国家服务业扩大开放综合示范区、自由贸易试验区叠加的优势，大力培育具有较强国际竞争力的文化出口品牌企业（项目），持续提高文化出口质量水平，推动文化出口额稳步提升，高标准建设对外文化贸易高地，提升国际文化竞争力、影响力。北京天竺综合保税区立足区位优势，以首都机场为核心，聚焦京津冀 144 小时过境免签政策，基于企业业务需求，创新优化出区免担保模式，探索文物艺术品保税线上拍卖模式，建立基地发展的多级联动协调推进机制，基于“商业＋长租公寓”功能的商业综合体定位制定出台建设方案，以促进跨境贸易便利化，形成了文化艺术品进出境绿色通道，打造了国际文化艺术品（文物回流）新通道、新模式。

上海市徐汇区国家文化出口基地凭借上海高新技术产业聚集的区位优势，集聚包括腾讯、米哈游、淘米网络、恺英网络、巨人移动科技等动漫网游、网络视听等领域的数字内容龙头企业，并在原创产品中大量使用中华文化元素，通过原创作品的海外流行推动中华文化“走出去”，并围绕艺术品交易产业建立艺术中心，构建服务艺术品展示交易的机构群落，为蓬皮杜国家艺术和文化中心、苏富比拍卖行等国际知名艺术机构提供大型展览服务。上海市上海仓城影视文化产业园区国家文化出口基地主导影视剧公司全产业链服务，形成七大发展片区：影视专业产业区、影视配套产业区、影视教育实践区、影视特色街区、影视商务服务区、影视文旅融合区和影视特色社区，入驻的影视类企业达到 4800 多家，从事文化出口业务的企业 93 家。其中，柠萌影视、克顿传媒、耀客传媒 3 家电视剧相关企业被国家新闻出版广电总局评为

2011～2022 年度国家文化出口重点企业。

广东省广州市天河区统筹区内多个“国”字基地园区，为文化产业发展提供了重要载体。同时，依托文化、科技类企业集中的天河科技园 / 天河软件园、羊城创意产业园、天河智谷、珠江新城 - 天河路商圈以及沙河五大文化产业片区，形成以游戏动漫、电子竞技、数字音乐、创意设计等新兴文化创意产业引领发展，演艺、影视、图书批发零售等传统文化娱乐业辅助发展的文化产业格局。广东省广州市番禺区国家文化出口基地则根据区域特征，布局“特色小镇 + 产业园区 + 大学城”南、中、北全域发展格局，并提出了“文化 + 设计”“文化 + 艺术”文化 + 数字”的建设理念，形成以珠宝设计生产、灯光音响、动漫游艺、文化旅游和互联网新业态等为主的特色文化业态，促进文化产业合力成长。

浙江省浙江数字文化国际合作区是全国唯一的国家级数字文化贸易功能区，依托浙江省数字贸易优势围绕动漫文创、网络文学、数字音乐、影视传媒、互动娱乐产业进行布局建设。以数字技术创新应用为关键，利用人工智能、大数据、云计算和区块链等现代数字技术，依据“数字资产 + 知识产权”等价值模型，促进合作区数字文化服务贸易工业化、标准化发展。如建设同类型亚洲最大的 1000 平方米级“之江一号”人工智能表演动画平台，以及打造数字文化版权的登记、维权和授权平台——“版钉”数字文化版权保护平台等。以促进国内影视剧的“出海”为主要目标，将《长歌行》《以家人之名》《我和我们在一起》《八零九零》等近 70 部各类主旋律、现实主义和优秀古装题材的影视剧出口到韩国、越南、新加坡、日本、马来西亚、美国、加拿大、非洲、阿拉伯等二十多个国家和地区，孵化培育杭州十诺传媒科技有限公司、华策国际影视文化传媒有限公司、华流浙江影视产业国际合作区运营管理有限公司等多家文化出口企业，并连续多年主办、承办、协办各类具有国际影响力行业活动（如协办第五届中阿国家广播电视合作论坛、第49届国际艾美奖等）。

江苏省无锡市国家文化出口基地积极对接“一带一路”、长三角一体化、大运河文化带、太湖湾科创带等战略规划，加强对本地特色文化资源（非遗文化）的挖掘开发和项目建设推广。此外还利用创新多元化金融服务助推文化企业发展（包括推动多家银行设立多样化信贷专项产品、成立影视文化产业基金、建设文化金融特色支行），借力服贸创新试点，探索数字文化贸易新格局（包括上线知识产权公共服务平台、推进服务贸易便利化试点和打造数字影视工业核心园区等）。与之相比，江苏省苏州工业园区是中国和新加坡两国政府的重要合作基地，以“一流科技园区，新兴文化高地”为愿景，以“数字化文化输出”为引领，以“创意性生产、创造性转化、创新性传播”为路径，着力构建具有“江南文化”特色和核心竞争力的文化产业与贸易体系。目前集聚了友谊时光、叠纸网络、爱洛克信息、蜗牛数字、仙峰网络、欧瑞动漫等10家国家文化出口重点企业，以动漫游戏服务出口为主要特色的数字文化产业集群已初步形成。

中国（山东）自贸试验区济南片区依托黄河流域开放门户城市的区位优势，采取“平台支撑＋龙头带动＋产业培育”三位一体发展模式，依托龙头企业山东同程尚品文化传媒有限公司，构建集文化创意、品牌孵化、供应链金融、海外推广于一体的文化贸易产业全链条服务体系，发挥自贸试验区、综合保税区叠加优势，打造黄河文化“出海”通道，创新文化贸易产业生态（2021年基地吸引黄河流域167家中小文化企业集聚发展，服务500余家中小文化企业“出海”）。而山东省淄博市博山区国家文化出口基地立足传统陶琉文化，搭建大龙网跨境电商平台、淄博市日用玻璃制品联合商会、颜神古镇文化产业园、博山文化出口基地企业商会等4个陶琉文化平台，实现“陶琉文化+旅游”融合发展，高标准规划建设了一批陶琉文化主题景点（颜神陶琉古镇、日用玻璃小镇、中国琉璃小镇、陶琉大师村），开通了“博山琉璃·明清官窑”“淄博陶瓷·当代国窑”旅游专线，组织开展了系列文旅推广活动，打响了“博山陶琉”品牌。

中国（福建）自贸试验区厦门片区国家文化出口基地以对外文化贸易、推进两岸文化融合交流等多角度助推文化产业升级为特色，围绕艺术品、创意设计、影视演艺、数字内容与新媒体、新闻出版发行等五个重点领域，扩大文化出口规模，打造特色文化产业聚集地。此外，建成了福建省首个集艺术品保税仓储、展览展示、拍卖交易、艺术品金融、艺术品进出境等服务于一体的高端艺术品公共服务平台——博乐德艺术品保税共享平台，并举办各类拍卖和展览活动，联合厦门理工学院文化产业研究中心，培养自贸区艺术品贸易复合型人才。

（二）业态创新

为了适应产业融合化、数字化、品牌化发展的趋势，各基地都在结合自身特色，探索产业升级之道，提升出口竞争力。

1. 文化产业的融合化

文化产业的融合化主要表现在文化产业链条及上下游企业的一体化发展。山东省淄博市博山区国家文化出口基地除了将陶琉文化与旅游产业相结合，高标准规划建设了一批陶琉文化主题景点，促进了陶琉文化产品结构的优化，加大新产品的创新研发，新技术、新设备广泛应用，先后有100余件作品获国际大奖、300余件获全国大奖、500余件获山东大奖，进一步提高了国际市场竞争力。此外，基地还系统梳理了原有的产品生产、外贸出口、电子商务、内销连锁加盟、体验式旅游等陶琉产业业态，围绕高端日用瓷、高科技陶瓷、琉璃产品、文化创意等方面，引导陶琉企业走“专、精、特、新”发展道路，形成协同发展、相互促进的产业组织体系，将产业链拉长做厚，实现“产品+文化+艺术+工程+珠宝”的生产销售运营一体化。其中，山东金晶集团、山东黑山玻璃集团等20余家企业被商务部、中国轻工工艺品进出口商会认定为中国陶瓷和玻璃出口基地骨干企业。

广东省广州市天河区国家文化出口基地形成以珠宝首饰、灯光音响、动漫游艺等为主的特色文化业态，促进文化产业合力成长。番禺区是全国最大的珠宝首饰生产制造基地、全球著名珠宝品牌集聚地，产品占全球市场份额约三成，占港澳地区市场份额约七成。2021年，番禺区珠宝首饰出口额227.2亿元，同比增长60%。为推动珠宝产业业态升级，基地鼓励将创意设计、文化元素融入出口产品的设计、研发、品牌策划、营销推广等环节，推动出口产品向产业链两端延伸、价值链高端攀升，提升出口产品创新创意价值。

2. 文化产业的品牌化

文化产业的品牌化主要指的是与图书、影视剧、游戏等文化产品版权贸易及知识产权保护相关的发展特征。西安高新技术开发区坚持图书版权贸易“聚焦核心”，通过全球视野传播中国故事、加强数字文化内容海外推广、加强国际版权贸易合作等途径，推动中国故事在全球的有效传播。目前已创作出百余种少儿图书，实现了多语种的海外出版，在全球10余个国家发行，加速了中国优秀传统文化走向国际舞台。由荣信教育文化产业发展股份有限公司为主体，牵头组建具有国际化视野和创作经验的团队，立足社会主义核心价值观和我国传统文化，积极推动我国图书版权“出海”，并成功出口43项版权至意大利、韩国、西班牙、瑞典、日本、英国等国家，涵盖14个语种，累计订单金额超过60万美元。

广东省广州市天河区已成为全国最大的游戏产业集聚地，拥有电竞全产业链条并正在加速形成产业闭环，拥有业内技术最领先的新一代演播室群节目制作基地，龙头企业网易游戏（博冠）2021年营收386.6亿元，同比增长24.7%。

中国（浙江）影视产业国际合作区向数字化“云基地”转型升级，创建并升级影视版权全球交易云平台。截至2021年底，云平台已入驻来自世界各地的300多家客户，如墨西哥媒体巨头特莱维萨、西班牙都市影视发行公司、土耳其媒体之心影视制作行公司、蒙古影视内容版权商电影桥、哈萨克斯坦电影制片厂及意大利著名的比奎动画制作公司等；上线剧目400多部，如《舌尖上的心跳》《贺先生的恋恋不忘》《我是真的爱你》等。此外，华策影视的《以家人之名》《下一站是幸福》《百万新娘之爱无悔》等多部原创电视剧以剧本模式分别出口到韩国、越南、泰国、土耳其等国家，出口数量位列国内影视企业首位，并有多部海外版正在制作中。

3. 文化产业的数字化

文化产业的数字化明显地表现在传统文化产业与电商平台的结合，以及其他数字化技术在文化产品传播和贸易方面的应用。江西省景德镇市国家文化出口基地以电商推动陶瓷产业业态创新，获国务院批复设立跨境电子商务综合试验区，陶瓷电商全国领先。陶溪川直播基地引入抖音总部，全国陶瓷直播产业带入驻商家总数达到3257家，实现线上营收1100万元/天。此外，景德镇陶瓷集团还与天猫打造了国瓷馆天猫直播基地，并和快手联合打造了景德镇创新发展中心。景德镇全市陶瓷直播电商交易额高达70亿元左右，占全国陶瓷直播电商交易量的70%。

安徽省合肥市蜀山区国家文化出口基地与安徽民航集团、合肥国际陆港达成战略合作，创新跨境电商包机、跨境电商+中欧班列、跨境电商海铁联运等合作机制，合肥-芝加哥航班舱位稳定供应，跨境电商+中欧班列形成常态化运营，蜀山跨境电商出口专列成功发运，企业跨境电商货物转关宁波北仑港、再通过海运至美国的水运通道正式打通，跨境电商出口的海、陆、空物流通道全面贯通。

通过“政府搭台、企业唱戏、全民参与”的模式，拉开“皖美消费乐享蜀山”全年促消费系列活动的序幕，蜀山区联合谦寻主播推广涉及小家电、服饰、图书、非遗等30多类产品，拉动电商消费金额约2.5亿元，通过电商直播把蜀山区优质文化贸易企业产品推向全国，让区域品牌在全国打响知名度，实现国际国内双循环。

北京天竺综合保税区国家文化出口基地积极促进特色产业聚集，聚合全球文化艺术品贸易企业优势，打造国际艺术品保税贸易平台，实现文物艺术品检测鉴定、评估修复、仓储物流、展示交流、拍卖交易、金融保险等多业态综合发展。同时探索文物艺术品保税线上拍卖模式，拍品由境外入区，通过线上线下预展、线上拍卖的方式进行保税无底价起拍，对海外文物回流模式进行创新探索。基地瞄准前沿发展趋势，发挥设施设备保税优势，拓展影视、动漫制作，积极促进星际互娱等项目创新业态，探索开展文化产业知识产权交易业务等数字贸易；拓展艺术品设计研发、展览展示全产业链发展，增强文化产业领域软实力。积极推动文化知识产权交易平台项目、虚拟现实产业孵化平台项目、浪潮全球艺术品数字贸易平台项目等重点项目，增强文化创新产业发展的活力和动力。

（三）平台创新

平台推动已成为各文化出口基地的重要发展战略。为更好推动产业发展，各基地都在因地制宜的持续创新适合自己的平台。

1. 园区载体平台创新

加强基地园区载体创新，加大招商引资力度，推动产业发展壮大。

中国（河南）自由贸易试验区开封片区国家文化出口基地立足文化资源优势，规划推进“一仓一园一谷一中心”作为国家文化出口基地的建设载体，构筑文化产业发展集聚地：“一仓”，河南自贸区国际艺术品保税仓；“一园”，国家文化出口基地双创园；“一谷”，文创艺谷；“一中心”，开封•自贸试验区国际艺术品交易中心。

2. 服务载体平台创新

中国（浙江）影视文化产业国际合作区抢抓机遇，拥抱数字化，创建了影视版权云交易平台，并建设了国际影视交流合作与人才培养平台。番禺区拥有广东省珠宝玉石交易中心和广州钻石交易中心两个省级珠宝专业交易平台，正积极申报国家级平台，集聚了谢瑞麟、柏丽德、周六福等众多珠宝品牌，打造了珠宝全链条供应链综合交易服务平台。中国（河南）自由贸易试验区开封片区国家文化出口基地与中国文物交流中心、文物交流智库中心等合作，打造了“国有博物馆文物藏品征集平台（试点）”，做实“中检•河南自贸区艺术品鉴定中心”业务及丰富艺术品全产业链服务项目。其他很多基地也都搭建了有自己特色的文化交流和开放发展平台。

3. 线上数字平台创新

近年来，各基地积极探索国内外平台建设路径，不仅在国内积极落实商务部“创新展会模式，积极打造线上展会新平台，举办云展览，开展云对接”的工作要求，实现各类文化企业互联互通，更在国外加速布局中华文化推广阵地，落地各类传播载体，提高文化出口产品整体品牌影响力和吸引力。

云展览作为办会新载体因其不受时空限制，广受各类国家文化出口基地青睐，为企业在疫情期间对接资源、拓展业务提供了交流平台，如2021中国国际服务贸易交易会（以下简称“服贸会”）期间，北京市朝阳区国家文化出口基地发以“文创新区、时尚前沿”为主题，聚焦文化科技融合新场景、文旅消费新潮流，组织鲸世科技、央视频、泡泡玛特、得到、腾讯音乐等10家行业领军企业参展，有效利用服贸会宣传推介平台，不断提升朝阳文化品牌传播力、影响力。通过智能化应用场景的沉浸式体验、线上直播+线下互动消费等方式，全方位展示5G、超高清、数字可视化、智能交互、触控体感等系列“硬核科技”，全面反映朝阳区在推进文化科技、文化消费、文化“走出去”等方面的新成果。江苏省无锡市国家文化出口基地积极组织文化企业参加“苏新服务智惠全球”全省服务贸易云上对接系列展会，通过线上线下相结合的方式，进一步拉近了无锡文化和世界的距离，不仅解决了疫情环境下企业无法赴境外参展推广的难题，还展现了数字化、专业化、特色化的无锡文化产业优势。

举办高水平文化赛事活动也是基地提高行业影响力的重要途径，通过充分发挥产业交流活动在培育数字新消费、整合数字创意全产业链的促进作用，不仅能够引进优质产业项目落地，更能引入高端创意人才落户，持续出口高品质数字文化产品。湖北省武汉东湖高新技术开发区国家文化出口基地连续举办中国数字创意科技展暨中国游戏节、中国青年电子竞技大赛、王者荣耀全国总决赛、英雄联盟全球总决赛等具有行业影响力的赛事活动，组织召开非接触经济座谈会、电竞直播产业链企业座谈会等，联合美股元宇宙概念第一股罗布乐思公司（Roblox）举办元宇宙技术开发者沙龙光谷站活动，组织发布2批45项无接触数字创意产品及服务项目清单，积极推动数字文化企业业务“出海”，积极应对后疫情时期行业变化，营造良好的产业发展生态。

4. 海外平台创新

各基地还将中华文化推广阵地前移到国外，落地各类传播载体，提高文化出口产品整体品牌影响力和文化出口效力。中国（河南）自贸试验区开封片区文化出口基地设立阿联酋和吉尔吉斯斯坦两个国际艺术品展示交易中心，探索文化产业出口新路径，推动中原文化走向世界。云南省昆明市国家文化出口基地入驻企业昆明新知集团在柬埔寨、南非等9个国家建立了国际连锁华文书局；南数传媒有限公司拥有境外老挝北部3个省6级地面数字电视传输网及电视台的特许经营权。

浙江省浙江数字文化国际合作区通过完善译制配音、复录传输等贸易公共服务，与新加坡、马来西亚、加拿大、巴西、印尼、伊朗、俄罗斯等国家的专业机构进行了各种形式的交流沟通，并且筹建了新加坡线下贸易服务站点，为海外文化贸易提供线下服务和支撑。中国（山东）自贸试验区济南片区拓展“多频道网络直播中心＋精品店＋海外仓”海外新通道，与抖音国际版、亚马逊、阿里国际等知名跨境电商平台合作建设多频道网络直播中心，并在柏林、罗马、米兰等城市落地9个海外文化交流驿站，设立巴黎、柏林等5个海外仓，在非洲、俄罗斯、澳大利亚等多个国家和地区开设海外文化交流中心，打通中小文化企业“走出去”的“最后一公里”。

（四）科技创新

受外部发展环境影响，以及新冠肺炎疫情的冲击，近年来全国货物贸易出口出现增长波动，倒逼传统贸易企业进行数字化转型。各国家文化出口基地充分重视技术创新对提升我国出口文化产品竞争力的重要作用，加强自主研发投入力度，利用我国在网络游戏、网络文学、短视频等数字文化领域的全球竞争力，主导或参与数字文化贸易领域国际标准、国家标准和行业标准的制定与应用，我国主导制定的手机动漫标准、数字艺术显示标准等被确立为国际标准。

浙江省浙江数字文化国际合作区依托杭州高新区（滨江）数字贸易优势，打造与国际规则接轨的动漫数字内容智创平台、人工智能表演数字动画平台、动漫数字化制作及衍生品开发智造平台。合作区建设的具有自主知识产权、同类型亚洲最大、国际领先技术的1000平方米级“之江一号”人工智能表演动画平台，可同时支持10人以上表演动画拍摄，配备有动作捕捉棚、扫描棚、录音棚、直播棚等全栈式端到端表演动画专业系统与技术设备，通过不断研发、应用，持续推进动画、短视频、虚拟主播、直播等数字内容制作的工业化、标准化、数字化，并于2021年7月正式投入使用。目前，已完成了两部网络动画片的拍摄任务，全面向动漫、游戏、直播企业开放商用。

中国（福建）自贸试验区厦门片区国家文化出口基地以科技创新带动新型文化服务贸易业态发展，以专项经费的方式支持新型文化服务贸易业态核心关键技术攻关，支持出版企业加强数字出版核心技术研发和应用，支持文化创新主体建设新型研发机构和众创空间等科技创新平台，支持文化企业申报国家和省级高新技术企业、省级科技“小巨人”领军企业，参与国家、国际标准研制。研究探索不断涌现的新型文化业态服务出口的统计方法，完善相关统计监测，有效反映相关产业发展水平，更加全面地反映厦门市文化出口的情况。探索建立新型文化业态服务出口领域运用大数据等新技术，开展形势分析和政策辅助决策的机制。

各基地不断提升和完善网络平台建设技术，一方面起到对市场信息的数字化存储与查阅作用，另一方面还可以为各企业提供有效的反馈交流渠道。目前，部分基地已经在积极尝试搭建全球数据库，将优秀文化转化为人人共享的数字资源，如陕西省西安市曲江新区国家文化出口基地重点出口项目“全球文创选品中心数据库平台”自 2021 年 1 月启动以来，面向全球 26 个国家，支持 13 种货币支付，涵盖 18 个类目，200000 余 SKU（Stock Keeping Unit，最小存货单位），有效带动中国文化“走出去”，帮助中国品牌走向全球。

（五）故事内容创新

国家文化出口基地在创造大量经济效益的同时，也创作了众多具有中国特色、体现中国精神的优秀文化作品，向世界推介“中国故事”，提升中华文化影响力和国家文化软实力。

近年来，各基地在影视作品叙事方面强调共情传播，关心各地观众的情感生活共同话题，以当地故事题材为切入点追求同频共振，如中国（福建）自贸试验区厦门片区国家文化出口基地婉宁文化出品的《共生缘》，先后在香港凤凰卫视、新加坡丽的呼声电视台、马来西亚国家电视台、泰国国家电视台等境外主流媒体播出；《美丽南洋》在美洲多个国家和地区播出，唤醒南洋侨胞的故土记忆。安徽省合肥市蜀山区国家文化出口基地龙头企业在波兰设立公司，推出 4 种抗疫主题电子书，免费开放阅读，传递负责任大国的良好形象。

动漫游戏因其独特的叙事特点，通过在虚拟角色、环境、情节设置中插入中国元素，能够有效拉近中国与世界的距离，如湖南省长沙市国家文化出口基地的重点项目《山猫吉咪》在作品创作中融入中华传统武术和湖南人文美景等元素，译制成多国语言，转化成适合移动互联网分流的数字产品，在境外推广播出并设计开发衍生产品同步推出。目前，该项目已遴选1950分钟优秀原创动漫产品，译制成英语、法语、葡萄牙语、斯瓦希里语、匈牙利语、豪萨语等多个语种，推广到非洲、中东、美国、乌克兰及“一带一路”沿线国家和地区播映，让不同文化背景、不同宗教信仰的观众更便捷地欣赏中国文化。该项目依托版权研发设计衍生产品达4000多款，已在亚马逊、阿里巴巴国际站、京东全球购、亚马逊等跨境平台上架销售，产品已出口至80多个国家和地区，取得了良好的效果。江苏省苏州工业园区内重点项目《浮生为卿歌》将中国传统建筑风格及园林意境融入其中，并为主角设计借鉴历代经典服饰元素的服装，力求深度渗透传统文化，贯穿剧情，深入玩法，让用户时刻感受华夏文化的底蕴，该游戏在苹果应用程序商店中国区游戏免费榜最高排名第2位，畅销榜最高排名第5位，年出口金额高达6306.13万美元。

（六）服务创新

近年来，各基地不断创新服务模式，为入驻企业提供适身对路的文化贸易相关服务，努力提高服务质量和水平，吸引企业入驻。

1. 金融服务创新

北京市东城区国家文化出口基地打造“紫金服务”品牌，强化政策和信息供给，让营商环境更良好。四川省自贡市国家文化出口基地创新推出“跨境快贷 - 退税贷”“彩灯文化经营快贷”“彩灯 e 贷”等多款彩灯企业专属信贷产品，有效缓解制约企业发展的融资难、融资贵问题。湖南省长沙市国家文化出口基地启动马栏山版权服务中心“优版权”一站式版权综合服务平台建设，以区块链技术为核心，依托大数据、人工智能等先进技术，实现了版权存证确权、登记、授权、侵权监测、取证、公证、维权、价值评估、质押等全链条服务，打通了版权贸易产业链各个环节，有力带动版权贸易发展。

浙江省浙江数字文化国际合作区打造的数字文化版权登记、维权、授权平台“版钉”，由区块链头部企业——杭州趣链科技有限公司提供技术支持，利用飞洛印司法服务平台（与互联网公证、司法体系结合）合作构建一套行业领先、功能完备的平台，提供版权存证、侵权监测、链上取证、司法服务全方位版权保护能力，为影视、动漫、文学、游戏、音乐、直播、广告、创意等提供一站式“区块链＋版权保护”解决方案。中国（山东）自贸试验区济南片区国家文化出口基地打造“语言服务＋”赋能模式，发挥以双泽、译软为代表的160多家跨语言服务商的集群优势，有效带动文化服务出口。

江苏省无锡市国家文化出口基地持续推动知识产权公共服务平台上线，知识产权金融服务开启“互联网＋”模式，政银企在线精准对接，实现“零跑腿”“云办理”，为文化贸易企业提供专业分析评估等服务，解决评估难、风控难和处置难的问题。广东省广州市天河区成立粤港澳大湾区国际商务与数字经济仲裁中心，重点引入互联网仲裁、亚太经合组织在线纠纷解决平台等业务，打造高端法律服务集聚区标志性的国际法律服务机构，积极对接中国人民银行、农业银行等单位，推动自由贸易账户向广州市科创企业全面推广，促进汇量科技成为首批开通客户，帮助企业打通境内外资金结算渠道。

2. 制度保障创新

各国家文化出口基地依托自贸区、综保区等政策红利，不断形成规则、规制、管理、标准等制度性创新成果，探索了一批适应我国文化贸易特点的创新模式和经验。北京天竺综合保税区国家文化出口基地借助海关特殊监管区，首创文化艺术品出口关税保证保险、境外文物入区办理进出境鉴定审核手续、海关经认证的经营者（Authorized Economic Operator，AEO）出区展示免担保等措施，有力提升文化艺术品跨境贸易便利化水平；更通过引进首家外商独资演出经纪机构龙之传奇、全球顶尖动漫制作企业虎虎公司，实现了全国首单文化无形资产融资租赁等新业态新模式，取得了一批创新发展成果。中国（福建）自贸试验区厦门片区国家文化出口基地利用《区域全面经济伙伴关系协定》（Regional Comprehensive Economic Partnership，简称RCEP）新规中的服务贸易协定，推动基地企业与金砖国家、RCEP 成员国及“海上丝绸之路”沿线国家的文化经济领域合作走向深入。中国（河南）自由贸易试验区开封片区国家文化出口基地对接国际通行规则和文化产业特点，建立健全文化产业促进、服务和监管体系、适应文化出口创新发展的工作机制、文化出口促进体系，以及文化领域外贸风险预警防范机制。湖北省武汉东湖高新技术开发区国家文化出口基地充分发挥“双自联动”先行先试优势，推动体制机制创新，扎实推进“高效办成一件事”，拓展“一业一证”改革，率先试点自然人股权变更“先税后登”等“一事联办”，获批优化营商环境改革事项先行区，全面落实外商投资准入前国民待遇加负面清单管埋制度，设立全国首家独资知识产权服务机构（联邦知识产权所），全省率先开展“证照分离”改革，出台“放宽市场准入九条”，直播平台等 22 个行业实现一证准营，企业开办最快压缩至 0.5 天。广州市番禺区推动材料提交无纸化，创建全国“政务晓屋”标准化体系，提升营商政务服务效率，全区布设 81 台 5G+VR（第五代移动通信技术 + 虚拟现实技术）“政务晓屋”，可办业务多达2386项。

3. 政策扶持创新

各基地纷纷强化政策叠加效应，鼓励文化企业出口，如北京市朝阳区已将文化贸易纳入《关于促进中国（北京）自由贸易试验区国际商务服务片区朝阳组团产业发展的若干支持政策》，全力推进落实文化领域各项开放政策，深入推进对外文化贸易发展。湖北省武汉东湖高新技术开发区国家文化出口基地发布“强化知识产权保护十条”，首次支持企业购买海外专利保险，减轻企业应对海外侵权纠纷的负担；出台互联网+、文科融合系列政策，在资质认定、原创精品生产、品牌创建、示范工程建设、人才培养、文化出口等方面进行奖励，每年支持近100家文化企业，支持金额超1亿元；鼓励企业开展知识产权证券化，创新知识产权融资模式。广州市天河区制定《天河区加快发展数字经济若干措施》《广州市天河区关于扶持游戏产业健康发展的实施意见》《天河区加快推动软件和信息技术服务业高质量发展若干政策措施》等一系列政策措施，出台覆盖电竞产业全链条的扶持政策（单项最高扶持金额高达600万元），构建“资金+服务+人才”的政策服务包，支持文化产业主体发展、创新策源能力提升以及创新生态构建。2021年，安排文化产业政策扶持资金、文化体育娱乐扶持资金814.08万元，其中14家文化企业获得文化出口企业奖励；引进国际簿记师协会企业195家，落实企业租金减免907万元；指导22家企业申报广州市文化和旅游产业发展专项资金，获得扶持资金730万元。

4. 人才培养创新

各基地不断完善对外文化贸易人才的培养、引进、使用和评价体系，集聚创新人才，筹备专家智库。如浙江省浙江数字文化国际合作区依托行业协会、商会和专业机构，积极开展专业培训、人才评价、职称评定，建立高素质数字文化产业和贸易人才队伍；湖北省武汉东湖高新技术开发区国家文化出口基地通过推行人才注册制、积分制等引才模式，帮助基地企业引进海内外中高端专业人才，创新推行举办“青年科学家计划”“楚才回家”等招才引智活动。

江苏省苏州工业园区通过实施“数字文化精英共生计划”，为园区数字文化领域的成长型企业和领军人才搭建多元综合的培育体系，打造园区数字文化领域的新苗圃，同时将数字内容、互联网服务、软件服务、直播、新媒体、数字文娱、文化产业经营管理类新型融合业态人才纳入“金鸡湖人才”体系，招引结合，引育并重，分层次奖励人才及创新创业团队，不断提升文化人才市场竞争力。

广州市天河区构建“宜居宜业宜创”全链条人才服务体系。推出“人才创业项目落户服务包”，整合财税、金融、法律和人力资源服务等要素，提供近300项双创服务。实施人才安居工程，积极推进33套区属公房改造进度，2021年新配租人才公寓145套，全区人才公寓累计1200套。完善“上管老、下管小”人才服务保障，为150名高层次人才免费体检，为人才家属对接养老、医疗等服务，每年为人才子女提供优质学位400个。与辖内27所高校建立人才工作常态化联系服务制度，做好新引进157名博士以上海外人才申报服务。

中国（浙江）影视产业国际合作区通过重培训、办教育、请进来、“走出去”、强合作等模式，聚力多层次多维度、立体式持续性的各类影视人才培养，以此构建新时代的影视文化出口和国际传播能力，逐步培育中国影视文化产业在全球的核心竞争力。2021年相继承办中宣部“提升中华文化影响力”专题培训班、杭州影视业务（海外发行）培训班、国家新闻出版广电总局研修学院干部培训班等，培训人数近500余人。创立全国第一所全日制影视技工学校——浙江华策影视技工学校，第一届实现招生240多人。

三、国家文化出口基地发展面临的机遇与挑战

目前，国家文化出口基地建设虽然取得较大成效，也摸索出了许多有益经验。但由于总体上仍处于初步发展期，存在许多不足之处有待优化完善；加之世界正面临百年未有之大变局，未来基地发展将迎来诸多机遇与挑战，尤其需要从以下几个方面加以重视。

（一）后疫情时代外贸环境变化中的产业转型

2020年爆发的新冠病毒疫情影响到了绝大多数行业，对于文化产业则带来了直接冲击。尤其在涉及跨国流动的外贸行业中，各种不确定性与阻碍性因素空前增加，更是需要各企业积极应对风险并适时转型升级，以适应这一时代特征下的全球交往需求。对此，文化出口也同样面临着新的挑战与机遇。

一方面，企业对于风险性的把控要求被不断提高。疫情及其防控管理给文化企业带来的冲击，包括劳动力投入的限制、节庆会展等活动开展的不便以及跨国沟通渠道的减少等，使得一些主要依托于线下实体开展的文化产业面临着诸多挑战。例如，旅游业，尤其是跨国旅游相关产业，面临着直接的打击，海内外游客的流动量骤减，亟须寻求一条新的转型道路。多家以实体产品出口为支柱行业的基地，都遭受了疫情环境下产业生态带来的冲击，在国际商品贸易往来相对困难的情况下，销售额出现了断崖式的下跌。此外，

部分基地也面临着疫情下财政资金支持力度的减少等困难。尽管不同的基地也采取了多种应对办法，并尽力开拓不同的市场，但到目前为止仍然面临着较大的压力。

在后疫情时代，多种不确定因素的增加还体现在世界局势的变化上。例如俄乌冲突爆发之后，欧美与俄罗斯等国家之间的政治矛盾影响了全球的金融市场，国际间的汇率情况变动较大，也给各国家文化出口基地及其外汇的收支带来了更多的不确定性与风险。这些都是在当下面临的现实性挑战，需要各基地尝试探寻新的出路。

但另一方面，疫情的出现也为文化业态带来了新的机遇。在线的、数字化的产业得以快速发展，并不断扩充市场潜力与消费人群。因此，它也给国家文化出口基地提供了新思路，促使部分产品加快转型。例如，通过在线文旅等形式进行对外出口，以数字化的表达，增加产品的使用性。2021 年，各基地规模以上文化及相关产业快速发展，营业收入实现较快增长，文化艺术业、文化数字内容服务、互联网文化娱乐平台、智能文化消费设备制造等新业态特征明显的细分行业发展较快。移动设备及云端平台成为文化产品对外贸易的新服务终端，为国内外相关企业提供更加丰富的贸易形式和线上互动服务。疫情也加快了文化数字化的进程，催生了数字阅读、网络直播、云端旅游、在线教育、动漫游戏、网络视频等新兴文化业态，推动数字技术与文化产业的进一步融合，成为我国对外文化贸易的新动能。我们应当充分抓住这一市场机遇，完成自己的产业更迭。

面对疫情为线下对外文化贸易带来的不便，相关部门推出的针对性的政策文件，重点关注对新技术、新业态的挖掘。随着国内疫情总体趋于稳定，经济运行趋势持续向好，我国文化产业正逐步走出寒潮期，进入加速复苏期，文化市场将快速回暖。一方面，各国家文化出口基地继续重点突出科技化、数字化发展的重要性，努力引导企业创新产品和服务，进一步释放国际市场的文化贸易潜力。另一方面，继续保持传统文化产品和服务的出口动能。同时，将深化文化领域供给侧结构性改革作为关键目标，提升产品和服务的竞争力。

在未来，全球发展局势下新的不确定性风险因素也始终存在。各基地需要充分做好应对准备，并通过这个机会对各自的产业完成升级。

（二）各基地发展欠平衡格局下的政策应对

由于区位因素、发展条件与现实情况限制，不同基地之间的发展差异较大。其中，一些相对发达地区的基地，如依托既有区位优势的北京市东城区、上海市徐汇区等，不仅有着较为庞大的创意人才体系支持，也有着相对更为通达的信息渠道、理想的基础设施条件、强大的科技支持能力，在各自的出口产业道路上已经摸索出一套成熟的经验体系。但在其他一些地区，基地的成熟完善则仍然需要较长久的积累铺垫。并且，这种地方性的巨大差异，使得纯粹的经验替换与模仿未必有效。尤其是一些产业模式相对集中、单一的区域，往往因过度依托于一些基础制造业而在转型升级上面临着较大挑战。

当前，国内各基地之间虽然也形成了初步的交流与合作，但大多还是局限在经验模式的介绍、学习与研讨等层面，而更深层次的合作与资源共享则仍在起步阶段。其中，湖南省长沙市国家文化出口基地就已经开始与中国（河南）自由贸易试验区开封片区国家文化出口基地之间展开了文旅项目的合作，为其提供声光视讯等领域的产品与技术支持，充分发挥了开封市的文化资源优势与长沙市的先进技术支持，从而实现两地的协调发展。以此为例，各地区之间的差异化互补及其可能的交互，在未来仍可以进一步被发掘，并摸索出多种合作的具体模式。

此外，各地区自身内部的产业发展之间，也亟须解决不平衡的问题。而这则需要由各基地加强顶层设计、合理规划并完善资源的分配布局。尤其是，各国家文化出口基地都希望打造自己的龙头企业以树立品牌形象，并通过龙头企业辐射效应带动基地内其他中小型企业迅速发展，但由于忽视中小企业的实际需求，致使龙头企业大步向前、中小企业原地踏步的情况时常发生。同时，由于无法进一步充实产业实体规模，难以实现行业可持续发展，也存在后劲不足的情况。

此外，尽管通过数字技术与传统工艺结合打造的文创产品种类繁多，但各基地在核心技术壁垒打造上尚有欠缺。如何进一步寻找核心产品创意发力点，并辅以技术手段加以实现，形成基地文化“出海”核心品牌，是各个基地都需思考的难题。在完善文化产业贸易结构，打造文化出口贸易生态链，平衡产业链条内各环节资源投入比例，使价值最大化等方面，各个基地都还需要进行探索创新。其中，一些基地的做法值得学习、总结和推广。如针对中小微企业的发展需求，浙江省浙江数字文化国际合作区整合国际发行机构、翻译公司、宣传媒体等合作资源，搭建公共服务平台，为中小数字内容企业提供外文样片翻译、配音、宣传、发行代理等一条龙的公共服务，带动全区企业共享海外发行成果。如中国（山东）自贸试验区济南片区国家文化出口基地在全国首创文化企业“出海”全链条服务体系，打造黄河流域中小文化企业“出海”创新生态。2021 年，服务 500 余家中小文化企业“出海”，有关创新做法受到国务院自贸试验区工作部际联席会议办公室肯定。

因此，无论是国内各基地之间，还是基地内部的企业组织之间，在发展不平衡的问题上都需要辩证且慎重地看待。一方面，应当发挥部分先发地区与企业的引领示范作用，为其他地区与企业提供良好的参照范本；另一方面也需要正视内部之间存在的差距，尽力实现产业与元素的互补，鼓励积极合作而非恶性竞争，争取将资源优势最大化，以在海外市场中形成更强的团体凝聚力。

（三）低产品附加值痛点下的文化提炼

相比较而言，各基地在文化出口贸易中更关注贸易额等直观数据的大小，而常常忽略了产品的文化价值。从艺术角度看，我国很多文化产品仍缺乏当代感、符号感和时尚感，未能全方位展现文化内涵。同时，由于创意能力和技术能力不足，在策划、生产、制作等阶段缺乏多元化与多样性。未来，在文化出口作品创作过程中，如何更好地挖掘作品本身精神内核，凸显产品附加值所具备的价值，将劳动密集型、资源密集型产业转型升级为知识创意型产业，成为一个需要着重考量的问题。

突出中国特色、彰显中国本色、发扬中国底色，以高站位、高水平、高质量的标准实现中国文化对外出口，为世界文化之林增添中国独创元素，是摆在各基地和文化出口企业、专家、政府部门面前的重要议题。对于中国文化的展示，并非是单一的元素式呈现，而要求更丰厚的人文精神内涵与更高深的价值思想水准。从国内的文化传播来看，由于我国长期以来积累的文化底蕴有着高语境、低表达等特点，往往通过一些非常简约隐晦的方式就可以传达出特定的思想内涵。然而，对于海外国家，尤其是非东亚文化圈的国家来说，理解中国文化与元素有一定的门槛。从消费者的具体诉求角度来说，他们更需要一种相对直观的、易于理解的内容表达。所以，除了追求产品技术、审美特色与实用功能之外，如何更好地将其与文化创意相结合，也是当下各文化出口基地需要充分考虑的问题。

为此，需要增加文化创意领域的人才引入。西藏文化旅游创意园区将人才作为挖掘地区文化内涵、激活文化创造力的关键。为推动西藏特色文化贸易持续高质量发展，园区从人才工作入手，将健全人才队伍确立为2021年度工作重点之一，提出未来将结合园区发展定位，加大文化和旅游专业人才培养，重点培养促进藏民族特色文化发展的人才，建立健全园区人才库、智力库、技术库，满足企业对高质量发展的人才需求。

另一方面，在内容转化上需要加强文化元素与创新视角的融合。云南省昆明市国家文化出口基地将诸多涉及民族特色的非遗文化，包括孔雀舞、民族织染与刺绣等工艺品进行创新性包装与传播，将自身的美学、风俗等特点融入其中，使得受众能够以一种非在地化的视角感受当地文化特色。这些产品不仅承载了古老的文化艺术形式，也具有十分新颖的吸引力与创造力，独具东方美学特色。

此外，还可以充分挖掘跨文化合作的潜力与可能，积极汲取其他优秀文化中的有效内容。天津市中新天津生态城创造性的发挥非遗创新平台辐射效应，拓展与国外文化专业机构合作渠道，与日本安达版画研究所携手，将中国木版水印传统技法与日本浮世绘艺术结合，以中国非遗助力日本浮世绘作品复制传承，从艺术、技法及完整度方面均超日本原有水平，也提升了其自身文化的表达力。

这些基地的积极经验也提供了一些产品附加值转化的参考性策略。除此之外，各国家文化出口基地也应当结合自身的实际情况，梳理本土性的文化思想优势，将更加合理、柔性化的表达融入产品当中，彰显优秀的中华思想文化体系，帮助海外群体摒弃偏见，真正深入地了解中华文化内涵。

（四）宣传主导性欠佳形势下的媒体破圈

宣传是产品出口中一个重要的环节，也是文化传播的必要窗口。优秀的宣传工作不仅有助于增加海外消费群体对于该产品或城市品牌的认知度，还有助于建立起积极正面的形象。这种宣传是一个长期性的、渐进性的过程，需要多维度共同配合，包括新闻报道、自媒体内容创作、多产业融合宣传等。然而，从目前各国家文化出口基地的发展情况来看，宣传的辐射度与影响力仍然有待提升。这一方面是因为海外主流宣传媒体的话语权把控，另一方面也在于自身宣传渠道发掘能力有待提升。

以山东省淄博市博山区国家文化出口基地为例。在 2021 年工作总结中他们明确指出，基地宣传能力弱严重制约了其“博山陶琉”品牌的推广发展。与博山区相类似，一些基地依托国际社会主流平台对其文化产品、服务进行推广传播，这使得宣传工作缺乏主权性、主导性。结合当今国际化宣传注重时效性、到达性和世界性的趋势，在宣传内容、形式、渠道、方式等方面仍有很大的提升空间。由于缺乏对目标市场和客户需求的了解，为此在内容上需要以符号化的创意作品打破语言、文化、信仰的束缚，以美学理念去对作品进行解读。在宣传渠道方面，多渠道、矩阵式、数字化是提升宣传效率的主要手段，应进一步丰富国际推广平台，引领国际文化市场发展风向，建立健全宣传途径及监管机制，更好地服务于我国文化贸易工作。

与此同时，部分基地始终在进行积极的宣传推广尝试。为加强基地的国际交流能力，中国（浙江）影视产业国际合作区通过多年连续主办、承办、协办各类具有国际影响力的行业活动，如第 45 届法国昂纳西国际动画节中国联合展台（线上展）、第 26 届香港国际影视展杭州馆（线上展）、国际艾美奖半决赛评奖暨首届国际传播表述论坛等，搭建国际化交流合作平台，助力基地产品“出海”。此外，基地依托 YouTube 等海外新媒体，建立营销矩阵，截至 2021 年底，实现海外收益 200 万美元，用户订阅量达 940 万人，总点击量 28 亿次，总观看时长 2.8 亿小时。YouTube 平台两个频道获得金质奖牌（用户数达 100 万人），分别是华策青春剧频道、经典剧频道（订阅用户分别为 201 万、144 万）；三个小语种频道均获得银质奖牌（用户数达 10 万人），其中越南语频道用户订阅数最多，达 77 万人，观看时长达 1.6 亿小时；阿拉伯语频道紧随其后，用户订阅数达 70 万人；泰语频道订阅数突破 22 万人。

这些较为理想的宣传尝试，也给各基地在未来的发展提供了良好的经验借鉴。越来越多的海外媒体开始关注我国的文化影响力，也进一步证明了基地品牌在未来还有非常大的发展空间。对于各基地来说，需要思考的不仅是如何创新内容生产本身，还包括如何创新文化的对外宣传形式与途径，将自身的品牌真正推广到全世界。在这个过程中，也需要注意宣传的针对性，不能以过度的文化主体性视角，带有单向输出性的模式来进行，而要采用更加平等友善、潜移默化的形式，从而提高目标受众的认可度。

（五）贸易数据缺位现状中的统计规范

全面且详尽的文化贸易统计是指导国家文化出口基地发展的重要工具。对于市场信息与动态的充分、及时了解，有助于企业以最快速度调整并适应其需求，以获取最大的经济效益，避免不必要的信息差所带来的折损率。

不过，各地经济、社会、文化发展环境存在诸多差异，也决定了各基地同行业文化产品之间存在显著区别和地方特征。江苏省无锡市国家文化出口基地在 2021 年总结中明确建议，对文化产品的归类进行优化调整，尤其针对基地陶瓷艺术品出口中存在的陶制艺术花盆、紫砂壶工艺品等，需要文化产品出口统计口径中针对性的增加陶瓷制品海关编码，建议将除工业陶瓷外的陶瓷制品都纳入文化产品出口统计范畴。此外，数据统计也存在地方局限性等问题，如中国（福建）自贸试验区厦门片区国家文化出口基地在管理协调过程中，只能获取厦门市范围内的数据，而缺少对于福建省整体数据情况的了解。不仅如此，对于数据的具体涵盖与统计规范，也需要一个集中的标准。例如安徽省合肥市蜀山区国家文化出口基地虽然建立了能够集中收集数据的信息平台，但在落实的过程中，因为需要上传数据过多、内容过于烦琐以及部分涉及商业机密等方面的问题，导致许多企业不愿意积极配合。因此，该数据平台的有效运转仍有待推动。

对于各国家文化出口基地内的文化企业来说，其自身固然会完成一些基本的市场调查与信息掌握，但是对于全局的信息把控则非常困难，需要来自更高层面的帮助。

部分基地为应对上述困境，拟制定地方性统计规范。2021 年，昆明市统计局研究拟制了《昆明市文化与相关产业融合统计分类目录》。从基地发展来看，这一举措考虑到了昆明市花卉文创等特色文化创意产业优势，优化了文化与相关产业融合统计体系，完善了昆明市对外文化贸易的制度设计，具有积极意义。但从全国范围来看，这类举措将会造成对外文化贸易统计口径不一、交叉统计等问题，影响统计数据的准确性与权威性。并且，这些数据都是地方性的，且数据更新需要长时期、高投入的追踪与及时反馈，以避免对企业出口形成误导。

基于这些问题，政府相关部门应进一步加大信息化建设投入，为企业发展提供充足的便利与坚实的保障。

目前，相关部门已经开始了对于数据集中统计的部分尝试。2022 年 3 月，商务部等7部门办公厅（室）印发了《文化产品进出口统计目录（2022年版）》和《文化服务进出口统计目录（2022年版）》，极大提高了对外文化贸易统计工作的科学性和可操作性。

在未来，这一方面的工作还可以进一步完善：国家文化出口基地的联席会议机制下，可以根据各个基地的需求，与统计、外汇、海关等多部门协调外部数据的获取，同时也对内整合29家基地的行业内部数据信息；在具体的统计对象与数据覆盖范畴上，可以进一步拓展与细化，以此解决数据获取难的问题。并且，还可以利用当前的技术优势建立起一套体系化的"数据库"，能够完整有效地反映这些数据的变动情况以提供更好的参照，实现即时的数据公开与共享。需要注意的是，在这个过程中还要统一统计规范与度量标准，以学术化、严格化、科学化的规范进行要求，便于横向与纵向的多维比较，增强数据的客观性与合理性，利于国家文化出口基地在未来的长远发展中，获得有效的历史性追溯与经验参考。

（六）版权出口竞争压力下的知识产权保护

在文化创意类作品的对外输出中，以游戏、出版物、影视动漫等为代表，版权保护一直是亟待解决的问题。由于在数字时代，许多作品依托互联网为载体进行传播，使得作品的复制与窃取变得更为容易。版权的侵犯，不仅损害了商业贸易中的经济效益，更是从源头上打击了创作者的积极性，不利于文化创意产业的长期发展。例如阅文旗下海外门户起点国际排名前100部热门翻译作品，在海外用户流量排名前10位的盗版文学网站中，对这些作品的侵权盗版率高达83.3%，严重损害了国内网络文学企业和权利方利益，也阻碍了中国网络文学海外市场的开拓与发展。影视方面的版权侵犯也是亟待解决的问题。我国电视剧出口市场多集中于东南亚地区，但是该地区的版权保护尚处于较为落后的阶段，中国热门古装剧、现代剧经常被当地影视播放平台盗播，使得国内影视剧制作方无法从中获得版权收益。可见，知识产权保护是当下面临的一个重要问题。

目前，版权贸易是一些国家文化出口基地如西安高新技术开发区、安徽省合肥市蜀山区、天津市中新天津生态城、云南省昆明市等的支柱产业。因此，可以说对外文化贸易创新发展离不开版权保护与管理。一方面，政府部门需要不断完善版权法规的顶层设计，保护文化创作人的合法权益，提升版权贸易竞争力水平；同时，利用文化产业版权保护来促进和激励文化创作者供给创新型文化产品，通过提升文化产品质量、增加供给来提升版权出口竞争力。另一方面，鼓励发展知识产权代理、推介和交易服务产业，逐步构筑国际化的知识产权服务网络。

在已有的一些案例中，已经摸索出了一些经验。云南省昆明市国家文化出口基地就积极尝试优化文化知识产权保护环境。一是建设昆明市知识产权保护中心，通过专门的机构对于版权进行集中保护与业务受理；二是建立快速维权机制，与 12315 热线联动，主动承接知识产权相关投诉举报，进行知识产权纠纷案件处理，并为相关企业提供知识产权纠纷风险防控及应对服务，使得版权监督全民化、处理速度高效化；三是建立协同保护机制，加强与法院、版权局、海关、仲裁机构的合作，探索建立专利侵权案件行政调处前置制度，诉中委托调解制度和专利纠纷行政调解协议司法确认制度，设立知识产权巡回审判法庭，以此来扩充版权问题的解决经验。湖南省长沙市国家文化出口基地不仅积极申请创建国家版权示范城市，还制定了《长沙市创建全国版权示范城市工作实施方案》和《长沙市打击网络侵权盗版“剑网 2020”专项行动实施方案》等一系列措施指南，查处重大侵权盗版案件，获得了国家版权局的表彰。上述举措为基地优化版权保护管理制度、提升版权保护运营意识提供了借鉴。

由此可见，当前国内文化产业的一些版权问题正在摸索中不断成熟完善。版权保护一方面依托于硬性的技术水准，例如通过不断提高官方产品的文化服务质量，来吸引消费者摒弃盗版内容；另一方面，也需要法律手段的维护，对于侵犯权益的行为进行坚决打击，对于版权纠纷进行高效得当的快速处理，从而确保文化出口产业链的完整与可持续性。在国际范畴内，由于各国之间的法律、政策措施等的差异，对于企业个体而言，通过法律途径对于自身的知识产权进行保护具有一定难度，这就要求政府以官方的身份更好地为企业提供保驾护航，更加充分地了解出口对象国家与地区的具体法律政策，加强政府间的沟通与协商，以规避不必要的纠纷矛盾。

四、加强国家文化出口基地建设的总体建议

尽管近年来国家文化出口基地建设已取得了一定的成效，但其发展仍是一个长期的过程。在未来，各基地需要进一步积累经验，同时明确发展方向与工作重点。基于调研和分析，国家文化出口基地可以从多个层面着手，包括加强资源的整合、品牌的构建、技术的加持、服务的优化、金融的支撑、政策的保障、产业的完善以及合作的深入。

（一）聚合各方资源，形成发展合力

国家文化出口基地在发展过程中需要积极协调、综合利用各方资源，促成多方面的沟通与合作，既包括构成出口主体的文化企业，也包括各类民间

团体组织，还包含了个体创作者。只有综合利用各方资源，才能因势利导，形成朝气蓬勃的发展态势。

从整合社会各方力量而言，国家文化出口基地不仅需要关注其入驻企业的发展状况与具体要求，也需要积极动员民间社会组织的力量，例如行业协会等，参与到相应的文化出口与交流活动当中，并为文化产业的发展提供建议，起到良好的监督促进作用。个体创作者的创新性成果，也应当被充分重视和挖掘吸收，为企业组织提供充足的灵感来源。与其他基地、海外相关机构团体的交流合作，更是有着十分重要的经验参考性意义。

如江苏省苏州工业园区是中国和新加坡两国政府间具有标志意义的重要合作项目。在资源扶持方面，园区在全市首创设立数字文化专业行业协会——苏州工业园区数字文化产业联合会，通过协会有效整合优势资源，引导创新要素集聚，加强行业合作交流，促进文化与相关产业深度融合，打造政企互动、企业联动的数字文化产业生态圈。山东省淄博市博山区国家文化出口基地则聚焦聚力陶琉文化，大力挖掘、开发、利用、宣传区域特色，与旅游深入融合，对已形成的陶琉产业链进行重塑，引导陶琉企业转型改造，鼓励专业化特色化发展，不断推进文化出口产业突破升级。为破解文化出口企业散乱弱小的境况，先后成立博山区陶琉行业服务中心、博山区文化旅游资产经营有限公司，在领导小组的统一指挥下全面负责基地运营、产业发展、产品研发、文化“走出去”等事宜，构建了政府主管部门、行业商会、陶琉企业三级联动配合的工作体系，为陶琉产业做大做强，陶琉文化“走出去”提供体制机制保障。同时，积极探索与全国其他基地的强强联合，与中国（山东）自贸试验区济南片区、辽宁省沈阳市沈河区等沟通和交流，通过互设产品展厅，探索共建文化创新领域合作交流平台，共建文化出口产品线上交易平台等方式协作发展，实现互利共赢，共同发展。

在对外交流上，各基地也需要增加国际层面的活动往来，学习了解其他国家的历史经验与现有政策措施，跟进发展动态。还可以积极与外交、经济等领域的政策要点相结合，在重点区域探索差异化的区域文化贸易互惠条款。例如，可以与东盟、中东欧等重点区域就影视、出版等核心领域加强互利互惠，逐步拓展文化版图，汲取其他国家的有益经验并进行本土化的改造与再利用。

（二）增强文化自信，塑造基地品牌

中华文化源远流长，博大精深，各民族地区也有着自己的独特风采，具有高度的可挖掘潜力。并且，经由国内市场检验，国潮品牌无论从美学上、受众上还是文化承载力上都十分强劲，广受年轻消费群体的追捧与喜爱。国潮品牌的打造，不仅可以有效提升中华文化的活力，也可以从实质上增强对海外群体的吸引力。

因此，在文化出口过程中需要增强文化自信，勇于打破西方主流文化内容与规则的垄断，积极推出民族性的创新品牌与文化产品。从海外受众群体的视角来看，那些更能体现风土人情的文化内容、更贴近民众日常生活的叙事表达，比相对宏大且宽泛的叙事手法具有更强的吸引力。在过去，对于中国文化缺乏了解的海外民众，很容易形成笼统且偏颇的刻板印象，而国潮文化的大规模打造与传播，可以通过融入丰富的元素与故事性情节，不断地激发海外民众对于中华文化的新鲜感，使之不断获得心理上的猎奇满足。

在打造地方性文化品牌的过程中，要注意避免元素的堆砌与误用，同时要注重对于质量的把关，不断提升整体创作水准。此外，还可以尝试强化品牌的粉丝黏度。在这方面，国外的优秀案例“漫威宇宙”即通过品牌的不断外延，来灵活拓展表达范式。我国也有不少消费者呼吁中国形成自己的民族品牌，例如影视领域的“封神宇宙”系列作品。因此，在不同的产品、内容之间形成贯通，加强叙事联结的完整度与产业之间配合的默契度，对于各国家文化出口基地来说，同样不失为一个可以借鉴的发展方向。

这些多民族、多形式的文化内容，可以打破过去面向海外塑造的固定标签化映像，全方位地展现我国不同地区的文化特色，彰显中华文化极大的包容度，从而更好地进行海外推广，并向全面提升中华文化影响力的方向迈出实质性的一步。

从基地层面来看，要将品牌思维融汇于基地特色品牌力的打造中，有意识地消费者体中建立具备识别度的品牌印象、品牌名片与品牌声誉。例如位于浙江省内的两大基地，支柱分别为影视出口和动漫出口，浙江省杭州市所在的长三角地区科技型企业，和以东阳横店集团为代表的诸多影视公司，经过多年的发展与积累，已经步入到相对成熟的状态，在国内也处于领先同行的水准，树立了基地品牌信誉。又例如广东省广州市天河区，充分发挥了其作为国内最大的游戏产业聚集地优势，将一批经过市场检验的、具有较大用户规模与运营成熟度的电竞产品向外推广。这些基地，一定程度上已经形成了独有的竞争优势和品牌名片，不仅在国内具有较高的影响力与产业集中度，在国际上也有着比较高的知名度，为新加入的企业开展文化贸易提供了具有品牌化效应的便利条件。

（三）紧跟产业趋势，强化数字赋能

对技术革新、产业趋势具备高敏锐度和前瞻性，始终走在产业变革的前列是国家文化出口基地具备持久竞争力的重要素质。在互联网数字化时代下，

新的技术与产品不断涌现，这意味着我们需要积极迎合时代潮流，融入新的技术优势，尤其是数字化智能时代的各种先进科技力量。以影视行业为例，在当今，人们除了能在线下实体电影院线与电视端口观看这些作品之外，还更多地依赖于各种流媒体，并对观看内容的播放自由度提出了新的要求：无论是创新叙事结构的互动电影，还是增强附加交互仪式的弹幕评价文化等，都是这种新技术加持下产品转型升级的重要体现。它不仅面向传统的文化业态进行升级改造，也缔造着新的文化消费模式。如大数据个性定制、人工智能创作等，无一不代表着新技术时代市场与消费群体的重要引爆点。

推动文化与科技的紧密结合，不仅是国内文化产业转型升级的自身要求，也是文化走向海外的必然选择。当前我国的文化发展面临转型需求，如旅游业、演艺业、传统非遗的开发等，都在尝试步入新的数字化技术殿堂。科技可以极大地拓宽文化市场受众面，增加文化触达程度，同时改变传统模式中单向的文化输出，增加更多创意灵感的新可能。此外，文化型企业无论是生产的内容还是形式都相对比较灵活，对于这种技术转型的适应性也更高，相比于一些传统产业具有更高的试错包容度，因此更容易抓住技术潮流的前端。

各基地需要不断提升文化出口产品的技术含量，以创意融入、科技赋能为手段，提升我国文化出口产品附加值，改变我国文化出口产品长期以来依赖低成本人力要素和资源要素驱动的局面，充分发挥数字赋能潜力。各基地应持续提升数字视听、影视娱乐等核心内容产品创意水平，不断增强核心内容文化产品竞争力。此外，也应当积极推动各企业与组织参与或举办各类科技交流类的活动、论坛与会展，保持信息渠道的畅通，及时捕捉新的技术火花。同时，还可以增设科技智库等机构，随时提出新的想法与创意，或借助数字化的高存储量、快触达率与自由访问度等优势，以及区块链技术、大数据智能运算等多种手法，建立数字化文化资源共享和交流平台。

在数字化转型方面的尝试，浙江省浙江数字文化国际合作区国家文化出口基地就起到了良好的示范表率作用。不但尝试搭建人工智能表演动画数字摄影棚，实现了智能化、高稳定性、实时和在线驱动的高、精、尖表演动画摄制水平，也在积极打造数字内容智创平台和数字贸易平台，在为文化贸易提供了内容支撑的同时，也推进了数字文化贸易合作的全面转型升级。在下一步的工作计划中，该基地还将在持续推动技术优化的基础上，继续拓展数字文化贸易的多元场景应用，并推动标准化的创新体系建设。这一探索不仅为浙江省的文化创作与贸易提供了更为宽广的舞台，也为其他基地在技术方面的转型指明了新的方向，起到了相当重要的引领作用。

（四）深化服务创新，优化发展环境

国家文化出口基地不仅是一个地理空间上的园区实体，也是实质性的管理与服务组织。它就像文化出口公司的“航母”，核心作用在于做好充足的补给保障工作，提供好一切后备力量支持，以便于各企业、组织自由发挥优势，在海外增强商业与文化的双重影响力。因此，国家文化出口基地需要在加强市场调研的基础上，不断提升企业服务能力，深化服务创新模式，为企业发展提供更加理想、稳定的环境。

提升面向企业的服务能力，一方面体现在优化出口审批制度，简化海关批报手续，丰富文化贸易形式，扩大国际文化交易规模，提升文化产品与服务出口质量，并为符合市场需要与总体发展诉求的产品或企业开辟相应的“绿色通道”，搭建多种形式的文化输出平台。另一方面，也需要充分考虑地域文化的认知差异，针对不同国家与地区采取不同策略，通过划分市场进一步了解不同群体的需求差异，便于更加深入地开拓市场。同时，这种服务能力的提升还要求基地尊重市场化战略与规律，避免强制化的介入干预，否则会导致创意活力的下降、组织模式的僵化。

在技术上，服务能力的提升还可以通过完善各基地的网络平台建设来达成。这类平台一方面起到对市场信息的数字化存储与查阅作用，另一方面还可以为企业提供有效的反馈交流渠道。目前，部分基地已经建立起官方的服务平台。例如北京天竺综合保税区，其官方网站为各企业法人提供了服务通道，包含了园区介绍、政策汇总、产业咨询、配套设施以及载体资源等多元且丰富的功能，可以让基地企业全方面且及时掌握基地发展情况与最新的政策信息，在诸多国家文化出口基地中起到了良好的表率作用。在未来，这些平台的服务功能还可以进一步加强、完善。不仅从知名度的宣传方面增加社会认知与使用率，也可以增进平台界面的交互友好度，从而将提升企业服务落到切实的应用层面。

当前，已有不少基地发布了若干创新型政策服务工具，如园区文化投资热力图小程序、文体旅企业服务政策汇编电子书上线，为招引项目和在地企业提供精准服务。疫情期间，上海国际艺术品交易月推出线上画廊单元，以AI+ART（人工智能＋艺术）方式，通过“互联网＋交易服务”打通全球艺术品交易链条；采用云会议、云展览、云直播方式，面向全球开展作品展示、论坛交流、艺术品交易，为全球高品质艺术交易提供一站式服务，向世界传递中国文化价值，树立了上海文化金名片。

除了尽可能挖掘更多的服务模式之外，服务创新也要更精准把握企业需求，健全工作机制，优化文化产业营商环境，灵活制定机制措施。如江西省景德镇市将基地建设纳入市委、市政府目标绩效考核；推进文化主管部门权力清单和责任清单制度，精简文化行政审批事项和程序；建立文化产业项目定点联系帮扶制度，建立文化出口重点企业名录、重点项目库和重点企业联系制度，畅通部门与企业联系渠道，切实且及时地协调企业发展中遇到的问题和困难。

（五）发挥金融力量，善用市场杠杆

资金支持是文化企业发展的基本支撑，融资困难也是许多小型入驻企业的痛点难点。基地应积极发挥金融力量，寻求金融信贷领域合作，用市场杠杆为企业解决融资问题助力。

目前不少基地在积极创新精准服务模式，依托文化企业信用促进会、文化金融服务中心等平台，鼓励企业利用各类资本市场融资。其中，北京市朝阳区国家文化出口基地发已为 1323 家文化企业通过信用评级获得融资约 234 亿元，同时鼓励北京银行、杭州银行等金融机构结合朝阳区文化产业发展重点方向，推出支持文创企业发展的特色金融产品，助力文化企业发展，鼓励支持文化企业通过北京证券交易所上市融资。

江苏省无锡市国家文化出口基地推动多家银行设立多样化信贷专项产品。目前已有“文旅贷”“锡微贷”“鑫文创”、无锡服贸信保平台、外贸小微贷、阿里信保等多种金融产品满足中小微文化企业的信贷融资需求。同时积极引入社会资本成立影视文化产业基金，设立江苏疌泉华莱坞基金、江苏大运河影视基金，落地华莱坞宝通文化基金、盛趣文娱基金等影视文化产业基金，为数字影视企业提供金融支持；另外，基地推进数字电影产业园资产证券化，进一步做大上市平台业务规模。此外，无锡市成功运营特色支行——江苏银行无锡朝阳支行，建设文化金融特色支行，构建全新信贷和风控体系，打造数字影视产业金融服务特色优势，目前在该支行开立账户的影视文化企业已超 350 户，其中 30 多家企业累计获得贷款近 10 亿元。与金融机构、信保平台的合作、证券化运营、特色金融产品的开发都可成为各基地下一步服务文化贸易企业发展的战略举措，为企业营造良好的营商环境，解决后顾之忧。

此外，从国内 29 家基地的综合层面来说，还可以积极推动形成国家文化出口基地的帮扶机制，由金融产业较为发达地区对口支援其他基地。北京市东城区国家文化出口基地就提出要积极完善文化金融扶持体系，并出台《关于加快推进国家文化与金融合作示范区发展的若干措施》《关于开展创建国家文化与金融合作示范区文化金融专营组织机构认定与评估方案》等相关政策，设立总规模 10 亿元，首期规模 4 亿元的文菁文化 + 产业基金，从而提供了文化出口金融的专属服务。这一举措不仅有助于吸引更多文化基金公司落户东城并助力当地的文化产业高效发展，还可以进一步走向全国，为其他需要金融服务的基地提供相应的合作支持。

（六）完善政策体系，夯实发展基础

政策扶持是推动文化“出海”的有力杠杆，考虑到我国文化出口工作起步晚、基础有待加强的实际情况，一套相对完善而连贯的政策体系，能够为国家文化出口基地发展提供有力的保障。近年来，我国在各类政策出台上已较为全面且完整，既包括宏观决策，又有许多中观的规划与微观的操作性指引。各基地已经颁布并实施了各自具有针对性的政策措施。在未来发展过程中，这些政策体系仍然需要不断地补充完善，并且应当始终紧贴顶层设计的基本方向，具体可以从以下几个不同层面入手：从法律层面，需要尽量降低文化企业“走出去”的风险，并提供一切可行的、坚实的法律基础等保障措施。对于文化产业领域中常见的知识产权侵犯等问题，要提供顺畅且高效的解决渠道，并着力打击盗版、侵权等违法行为，积极维护国内文化出口企业的基本权益，坚持政策引导创新驱动，打造以知识产权为核心的原创品牌。

从资金层面，需要优化资本供给，构建灵活、多元、操作性强的文化产业投资融资体系，从而帮助解决文化产业所需的资金投入困难等问题。与其他行业相比，文化产业由于自身的轻资产、高风险等特殊性质，在融资方面通常存在较大的阻力，也更容易受到外界环境的影响。为此，需要相应的金融性政策予以坚定支持，例如放宽贷款、担保服务、税收优惠、福利补贴、奖励扶持等具体措施，确保其发展的持续性，提高对抗风险的能力。

从学术层面，一方面要加大文化产业人才培养力度，为其提供更多优质的创意劳动力群体。同时，还可以尝试完善对外文化贸易投资合作国别或地区指南，及时发布我国文化贸易统计数据，帮助企业在海外实现可持续发展。通过政府官方层面推动的与学术界的合作，加强在多方面的理论设计指导，形成更为有效、严谨、科学、合理的经验研究参照。

从宣传层面，还要做好政策的宣讲与普及工作，强化各具体落实单位的解读理解能力，提高政策从出台到落地实施过程的效率。同时也需要积极听取社会各方面对于这些政策的反馈意见，并对存在冲突的、难以执行的部分进行及时的调整改进，从而使得整个政策体系的构建与调整日臻完善。

除此之外，各国家文化出口基地在具体落实上还要能确保政策的具体性、指导性与可操作性，避免出现庞杂交叉或管理空白的情况，并强化政策执行的监管力度，努力实现审批精简化、措施合理化、服务落地化。

（七）延长产业链条，整合产业生态

对于国家文化出口基地而言，其内部零散的产业组织固然有着更高的自由度与灵活性，但在资源调配等经济效率方面相对低下，在未来发展的长期性上更是面临许多压力。因此，需要鼓励加强基地内部产业之间的联动，形成完整的、具有较强竞争力的上下游产业链条。这要求国家文化出口基地不仅要在源头上追寻高端的、以技术性与创意性为核心的产业布局，也要落实好与基本的加工生产业相关的中间环节建设，还要更多纳入面向市场销售与服务的终端环节，并最终促成一个高度独立自主的产业体系。

国家文化出口基地的建立，为众多文化企业提供了一个非常理想的交流合作平台，不仅帮助其顺利走向海外市场，也使不同的文化企业找准了各自的定位与优势，从而有效地加强彼此之间的合作，形成健康的产业生态环境。从社会组织学的角度来看，这种模式可以更好应对各种不确定性事件带来的风险，规避文化出口因某个薄弱环节而遇到的困难，并从法律层面上有效减少不必要的产业环节间纠纷。对于源头的文化创作端来说，共生机制的建立可以使之更快、更充分地获取到市场端的反馈内容，并进行相应的快速调整适应。此外，它还能产生更强烈的辐射带动效应——不仅是国家文化出口基地内部的相关产业，甚至对于地方的就业率、资金流通度等经济要素也可以起到十分理想的促进作用。当前，部分国家文化出口基地已经尝试了产业链的延伸建设，如广东省广州市天河区国家文化出口基地在其珠宝产品贸易之外，不断鼓励将创意设计、文化元素融入出口产品的设计、研发、品牌策划、营销推广等环节，推动出口产品向产业链两端延伸、价值链高端攀升。

为提升产业链的完善度，形成健康有序的产业生态，国家文化出口基地可以通过区分各产业部门的不同阶段来采取相应的策略：对于已经成形或半成形态的文化产业，可以进行多方面的政策鼓励，例如提供更多的便利服务与设施或者有限选择权，帮助其巩固产业的集聚与整合；对于那些尚未成形的、零散的产业机构，则需要在评估其未来发展潜力基础上，选取有望延展产业链条或形成多单位合作的企业进行重点关照，放宽部分限制条件并引导相关产业的区位集聚。值得注意的是，为维护好产业生态，在促成产业链延伸的基础上，基地也需要注意规避恶性竞争与市场垄断等负面情况，根据实际情况及时调整相应措施。

除了对于企业组织的引导之外，基地也可以紧密围绕品牌打造展开工作，形成聚合式的多元共生的生态系统。挖掘优质品牌并形成一种强系列维度的产品有助于增强地方产业的总体竞争力。例如美国迪士尼公司，在过去的发展历史中已经形成了一条十分成熟且完整的产业链，从影视动画到线下实体乐园，再到一系列的餐饮、创意设计产品等，这些产业之间互相依托，稳固了发展根基。这些来自海外的优秀经验，是我国打造品牌产业链的良好范本。

（八）提升创新意识，规范评估指标

创新是可持续发展的前提，是防止因循守旧，不断适应时代的条件。各国家文化出口基地的发展目的之一，是在不断的实践摸索中推陈出新，不断注入新的发展因子。为更客观、直观且全面地评估基地整体的创新能力，可以建立一套相对完善的创新发展评估指标体系，充分利用好基地既有的数据收集成果，并以具体的指数形式反馈最终评判结果。

创新指数是衡量基地发展潜力的重要参照。对于国内既有的 29 家基地来说，覆盖范围、核心产业等内容各不相同，从绝对体量的角度来看，对于基地自身的衡量与横向对比都比较困难。尽管当前已经存在一些比较基本的数据信息统计维度，但考虑到各基地之间的巨大差异性以及横向参考的需要，一套相对公平且具有高信度、效度的固定指标，有着十分重要的意义。它不仅是围绕基地当前对外出口既有成效的评价，也包含了多元的、综合维度的现状与竞争力下，面向未来的可持续性发展潜力评估。因此，这套指标体系一方面可以对现有成果数据进行整合；另一方面也可以提供一种理论意义上的参照视角，给出一个基本的未来发展方向判断，使得各基地在此基础上充分发挥既有长处，发现可以进一步弥补的短板。

事实上，对于“创新”这个概念本身，存在许多不同的理解，有着多元的评判标准。但是，作为国家文化出口基地来说，最重要的落脚点还是在于中国的文化产品、服务等对外的经贸交流与文化互通等维度，包括市场占有率、文化辐射角度的覆盖率以及深层次的文化影响力等。因此，这套指标模型，要涵盖多个方面，从而更完善地给予参考。

结合此前已有的创新指数发展研究等学术案例，国家文化出口基地可以按照创新基础、创新投入、创新成果与创新保障等逻辑链上先后的几个维度，对于基地的创新发展潜力进行测评：在创新基础一块，主要从基地所在地方视角出发，例如以经济、政策、人才与科技为切入口；在创新投入方面，可以强调基地的具体资金投入与平台孵化、节庆会展举办等能够助益创意生成的方面进行评估；基地创新成果，则需要综合其自身规模特点来考虑既有的产业贸易额度状态与增长情况，考评核心产业的突出贡献，并评估其带来的社会价值；在创新保障方面，需要重点考虑在政策法律、风险应对与宣传推广等方面的内在效果。

创新指标评估体系的推出，本质上不是为了在各基地之间形成攀比与内部竞争，而是提供各自发展方向的指引。如将此前的顶层设计与发展规划都纳入其中，并以量化的方式对年度工作给予积极反馈和评估，可以对于基地的长远发展形成直接而有益的指导。

（九）坚持对外开放，深化双向交流

近年来，我国始终致力于深化拓展平等、开放、合作的全球伙伴关系，坚定奉行互利共赢的策略，推动构建人类命运共同体。这就要求我国的文化也不能只着眼于单向输出，在积极向外推介我国文化产品的同时，也需要能够以一种开放包容的心态欢迎其他国家与地区面向我国市场的文化推介，不断深化双向的交流合作。

我国自改革开放以来，已经有四十多年的国际贸易与交流经验。当前，我国的文化产品出口已经初步彰显了中国特色。例如，游戏与出版产业，在内容创作上已经有了较强的本土风格与优势，形成了一批极具中国特色影响力的品牌，在海外打下了一定的消费市场基础。与此同时，一些传统非遗项目的产品化进程也在不断加速，并越来越多地为海外消费者所认知和喜爱。但是，与一些发达国家和地区相比，目前我国的文化出口仍然有不少显著的短板与不足之处，例如产品创意附加值不足、话语权与影响力有限等。所以，不应当拒斥其他国家对我国进行的文化传播与内容进口，而是需要学习其有益经验，鼓励自发性的融合创新，并且充分学习借鉴其在文化产品与服务推广上的优秀成果，转化为能为我国所用的有效经验。

事实上，不同国家与地区在针对文化出口的具体措施上，有着多元的、差异化的经验。例如，以日韩为代表的东亚潮流文化输出，通过和年轻、时尚与个性的结合，在欧美国家普遍受到欢迎；又例如以美国为代表的欧美国家，通过领先世界的技术条件，向全球不断传播着自己具有感官冲击力的文化场景。但是，对于中国来说，不能直接照搬这些具体的措施，而需要充分解构掌握其广泛传播度下的内在要素本质，并结合自身的国家特色和发展情况，与本民族的历史文化资源及产品创意特点相融汇，找寻到一条有特色的理想路径。

另一方面，也可以充分利用当前的地缘优势，积极发展与友好国家之间的深度合作，尤其是深入推进“一带一路”沿线国家之间的合作，秉持人类命运共同体的原则，寻求与这些国家之间的文化共通点，着力推进“民心相通”。目前，我国部分国家文化出口基地也形成了与相应地区的深度合作。例如，云南省昆明市国家文化出口基地积极利用昆明市和多个东南亚国家城市缔结国际友好交流城市的契机，推动文化出口，还发起成立昆明国际友城旅游联盟，不仅在出版、影视剧等领域进行了深入的交流，也积极促进了各国民众线下往来。中国（福建）自贸试验区厦门片区国家文化出口基地则积极举办了东南亚中国图书巡回展等活动，并以此为跳板迈向更遥远的世界市场。尽管到目前为止，这种深度合作主要依托于地缘优势，但在未来，可以有更多的基地借鉴这些经验，在更多的产业范畴内，与更多的国家与地区形成更加深度的合作。

以上九个层面的建议措施之间并不是彼此独立割裂的，事实上，许多措施之间也存在很深的交集，往往对于一个领域的提高也需要另一个领域的配合与共进。因此，对于国家文化出口基地而言，需要综合考量到多方面的因素，完善自身的发展路径。

综上所述，对于国家文化出口基地而言，目前应当从既有的优势与经验出发，兼顾本土特色、产业生态、服务合作与科技力量等不同侧面，积极总结有效经验、吸取教训、学习他者优势，充分打造一套契合自身的发展路径。

在国家文化出口基地的发展过程中，既不能急功近利，也不能消极被动；既不能过于因循守旧，也不能完全脱离实际；既不能只着眼于自身而故步自封，也不能全套模仿他者照搬照抄。相反，需要拓展思路，打破既有框架模式的认知局限，听取多方面的综合意见并多元考量，在此基础上，找寻到一个理想的平衡点，用可持续发展的眼光看待问题，寻找一条稳妥且长远的发展道路，有效地构筑起我国的文化对外出口产业平台，为中国国际影响力的提升做出积极贡献。

五、三种基地类别模式下的发展策略建议

（一）聚焦核心型：突出头部产业竞争力

对于聚焦核心型的文化出口基地而言，首先需要强调其核心产业的主导作用，力求在自己的专业赛道中形成头部引领力。同时，也要避免同质化竞争、粗泛化发展。在这类基地中，核心产业存在两种不同的具体类别，需要根据实际情况有针对性地制定相应策略。

第一类是依托于核心资源诞生的产业聚焦。这些核心资源，往往与基地所在区域特色文化工艺等密切相关，例如四川自贡的彩灯、山东博山的陶琉、江西景德镇的陶瓷以及湖南醴陵的花炮制造等。该类别的出口基地一方面已经拥有了较好的地区品牌影响力，另一方面由于产品的单一化程度较高、使用环境条件相对固定、现代化科技加持较弱、对于产品本体性特质依赖度较大等因素，容易出现文化价值偏弱、产品创新性不足以及市场开拓力有限等问题。因此，这些核心主导型基地尤其需要考虑如何增强产品在功能性之外的文化艺术附加值。

因此，该类文化出口基地首先需要保留自身产品在本体属性如工艺水准、艺术审美等层面“不可替代”的竞争优势。在此基础上，积极开发工艺品的内在价值，尝试与更多元的产业如文旅、节庆、会展等联动，或与更多的文化品牌进行合作，积极加深市场对于该地方工艺品牌的认知了解。

当前，已经有一部分基地在这个领域开展了较为积极的尝试。例如四川省自贡市文化出口基地于2021年在美国、英国、法国、荷兰等地举办灯展逾50场次，通过文旅的引进与合作，极大拓宽了“走出去”的渠道；又例如湖南省醴陵市的花炮产业，也在积极推进与文旅会展产业的合作，并积累了一定的成功经验。

第二类聚焦型的出口基地，则是依托于某一具体产业，形成自己的核心竞争力。这一部分基地往往在特定产业方面有着领先的技术或区位优势，因此，它们需要考虑的主要是产品品质的提升、地区品牌效应的凸显以及长期竞争力水平的维持等问题。

例如，上海仓城影视文化产业园区和浙江数字文化国际合作区国家文化出口基地都是以影视剧为核心，二者在产业的外在表现形式上存在一定的相似性。因此，对于这些出口基地，尤其需要注重在具有普遍化特质的产业范畴下找寻自己的突出优势领域。以浙江数字文化国际合作区为例，其格外注重对于影视制作中创意型后备人才力量的培养，采取了强化培训、兴办学校、人才引进等一系列措施，依托于人力资源优势，使得创作的影视作品质量始终保持着较高水准。

对于第二类聚焦型基地来说，由于其主导产业并非本地区所独有，需要不断融入科技、人才、创意等要素，以确保始终能走在行业前列。因此，这类基地更应当积极掌握主动权，着眼于全球范围内的影响力，加强对世界市场的调研总结，从而不断扩大自身的规模，加速吸引更多相关产业的入驻，不断完善自身的产业链。

（二）一核多产型：找准定位，协同并进

从数量分布上来看，当前一核多产型的基地相对较多。与聚焦核心型基地相比，这类基地往往在核心产业或资源之外，还有着较强的辐射效应，从而带动多元产业的发展。例如，北京天竺综合保税区以国际艺术品行业为基点，带动了基地企业的多元发展，实现了较高的企业资产积累。但是，与多产开花型相比，这类基地的优势项目又较为突出，需要得到重点的扶持与发展。例如武汉东湖高新技术开发区国家文化出口基地就着力于数字电竞产业，在这个领域深耕国家文化出口重点项目，以突显其在众多数字产业中的优势地位。

一核多产型的基地往往容易面临的一种困境，是难以找到核心产业与其他次级产业之间的发展平衡点。如果不能形成合理有效的资源分配，容易导致既无法在核心产业的市场竞争中找到突出定位，又难以同时培育多个具有良好发展成效的周边产业。为此，这一类基地首先需要明确好自身的定位与发展方向，是保持这种一元引导、多元共存式的现状，还是转变为向某个主导型产业靠拢或形成多产开花的未来格局。

在这个过程中，作为主导的核心产业需要积极承担起带动其他产业发展的责任。例如湖南省长沙市国家文化出口基地，通过其既有的新媒体平台优势，积极进行文化内容的整合与传播，对湖南本地的湘绣、湘瓷等非物质文化遗产也进行了宣传推广，从而带动这些手工艺品产业的联合发展。在这个过程中，核心产业要规避挤压其他产业生存空间，扮演好强有力的引路者角

色，为构建地方的整体文化品牌做出贡献。

另一方面，其他产业也可以主动从核心产业中寻求资源，以找到自己的发力点。例如，西藏文化旅游创意园区充分利用其所在地的自然条件发展了以文化旅游为主导的产业群。而这也使得购物、娱乐、工艺品等产业项目都找寻到了发展契机，将西藏的美丽风景与悠久历史文化紧密融合到了自身产业中，从而将旅游宣传所带来的品牌效应发挥到最大。由此可见，对于这类文化出口基地来说，其核心产业能够带来充足的文化资源、较多的市场关注度以及较高的品牌影响力，各次级产业应当积极利用其"明星光环"来完善自我打造，在彼此交流的过程中学习吸取经验。

总而言之，一核多产型的文化出口基地由于其特有的双边属性，既需要关注对主导产业的扶持助力，也不能忽视其他产业的成长空间，从而促进双方的良性合作，致力于按照"核心引领""多产协作"的模式，推动共同进步。

（三）多产开花型：推动多产业跨界融合

多产开花型的出口基地，大多具有较强的整体竞争实力和较大的文化包容性。因此，这类基地大多依托于经济相对发达、产业相对齐全、人才较为完备、技术较为领先的城市而建立。其中一类以北京市东城区、北京市朝阳区以及上海市徐汇区等一线城市的发达城区为代表，汇聚了大量的前沿科技、金融资源、人才储备与外贸基础。另一类则是广东、江苏等经济相对发达的省份下属基地，往往也包含有较为丰厚的工业资源基础。得益于这些城市地区的先天优势，大多数文化企业都有着强劲的发展势头。因此，相关部门需要尽可能减少不必要的干预并做好服务，尊重市场规律，为各类企业留下更多的发展成长空间。

对于多产开花型的基地来说，固然有着良好的自身基础，但如若不能组织管理得当，也容易出现产业杂而不精的情况。同时，对于有限的资源要素，其协调与分配等问题也是需要关注的重点。为此，相关部门需要深入分析自身的区位优势，增强对资源的聚合与调度能力以减少成本浪费。例如，可以帮助搭建良好的信息与资源平台，完善相关产业的市场调研与数据库，从而为产业发展提供更大的外部力量支持。以江苏省无锡市国家文化出口基地为例，其积极搭建的交流平台和大规模举办的线上线下展会，在帮助企业拓展业务的同时也成功推动了无锡文化走向世界。

在多元产业共存的基地中，为保持产业竞争力，还需要锐意创新，走在行业前端并在国际市场竞争中取得优势地位。因此，不仅要将数字智能等前沿技术及时运用到相关产业中，也需要努力寻找产业间跨域合作与交流的可能性，多渠道推动文化创意产业融合发展。此外，对于一些新兴的弱势产业，相关部门也应该适当予以补贴或扶持，创造更大的试错与探索空间，尽可能保留更多的创新火苗。例如北京市东城区，就积极推动文化金融扶持体系，通过大规模的基金设立，营造具有强劲内生动力的文化经营生态环境，从而让更多的产业得到了成长的可能。

多元开花型的出口基地，往往具有较为理想的产业经济收益。如 2021 年，广州市天河区和北京市东城区、朝阳区的文化产品进出口总额分别高达 1.9 亿、5.19 亿、17.17 亿美元。但与此同时，也容易出现过于注重经济效益，忽视不同产业特质的情况，导致一些需要较长期口碑发酵、实力积累的企业发展相对艰难。为此，也应当制定更加合理的指标，避免“唯收益论”的衡量法则，而更要注重长期的、内在的、隐性的产业效益。

最后，尽管各文化出口基地存在不同类别的划分，但这并不代表着基地只能按照其既有的产业定位来进行长期的战略规划。对于许多基地来说，无论是否是主导型、支柱型的产业，都应当得到充分的鼓励与培育，争取在自身竞争优势基础上积极开拓新的市场蓝海。

第二篇

各基地发展概况

一、北京天竺综合保税区国家文化出口基地

北京天竺综合保税区国家文化出口基地正式名称为国家对外文化贸易基地（北京），是文化和旅游部与北京市合作共建的国家级对外文化贸易服务平台，2012 年由原文化部正式授牌。2018 年 6 月，被商务部、中宣部、文化和旅游部、国家广播电视总局共同认定为全国首批国家文化出口基地。北京文投国际控股有限公司是国家对外文化贸易基地（北京）的投资建设和运营管理主体。

基地位于北京天竺综合保税区内，是北京市三个国家级经济功能区之一，总规划面积为 5.944 平方千米，依照功能划分为口岸操作区和保税功能区。毗邻首都国际机场，占地面积 235 亩（15.7 万平方米），总建筑面积约 47 万平方米。天竺综合保税区于 2008 年 7 月由国务院批复设立，是全国首家空港型综合保税区，也是全国唯一实现区港无缝连接的海关特殊监管区域。为推动中国文化产品和服务加速“走出去”，2012 年，原文化部在此批准建设了国家对外文化贸易基地；2018 年，天竺综合保税区被商务部、中宣部、文化和旅游部、国家新闻出版广电总局命名为“国家文化出口基地”。截至 2022 年 12 月，天竺综合保税区共引进涵盖演出经纪、投资租赁、拍卖展示、动漫制作、保税仓储等领域的企业约 120 家，具备了实现产业聚集、企业聚集和功能聚集的坚实基础。

基地围绕“一带一路”发展倡议和文化发展战略要求，发挥空港保税政策、功能和服务优势，拥有国际文化贸易企业集聚中心、国际文化产品展览展示及仓储物流中心、国际文化商品交易服务中心三个功能区，为国内外文化机构提供展示体验、交流推广、交易交割、孵化培育、融资投资与仓储物流等国际化服务。基地的建设发展立足北京、服务全国、面向世界，致力于

打造成为全球文化展示、交流和交易中心，构建全球文化与贸易创新发展的综合型平台与枢纽。

（一）发展现状

从数据上来看，自 2018 年 6 月以来，北京天竺综合保税区国家文化出口基地快速发展。据统计，2018 年，基地文化类企业实现进出口值 1.24 亿美元，同比增长 3.34 倍，其中出口 7907 万美元，增长 3.91 倍，进口 4460 千万美元，增长 2.65 倍。2022 年前 10 月，天竺海关共监管实际进境文物、文化艺术品 2370 件，货值 9434.96 万美元，有力支持了文化贸易的发展。

同时，基地通过不断提升口岸与保税政策功能优势，推动文化贸易、文化金融、动漫创意、展示拍卖、文物回流等多业态综合性发展，先后引进了首家外商独资演出经纪机构龙之传奇、全球顶尖动漫制作企业虎虎公司，实现了全国首单文化无形资产融资租赁等新业态新模式，在文化领域取得了一批创新发展成果。

基地先后举办了 2018 年“一带一路”文化贸易与投资重点项目展示推介活动、俄罗斯现代艺术展、上海合作组织“9 个美妙乐章”钢琴音乐会等，并在 2019 年的第十五届中国（深圳）国际文化产业博览交易会上承办了“一带一路”文化产业和旅游产业国际合作重点项目展，推介 40 家优秀文化企业的文化产品及优质服务；此外还策划启动了亚洲艺术贸易中心项目建设，先期与日本、印尼、尼泊尔、斯里兰卡等国相关企业与机构签署了意向进驻协议。

2021 年度，北京天竺综合保税区国家文化出口基地进出口值、营业收入、属地税收分别同比增长 37.6%、25.1%、22.1%，其中药品药械、文化艺术品进口规模分别占到全国总量的1/5、1/3。目前，基地形成了医疗健康、文化贸易、升级型消费、航空服务等重点产业。

近年来，北京天竺综合保税区国家文化出口基地也逐渐走出了一条创新发展之路，第三产业占经济总量的95%，高出全国综合保税区整体水平45个百分点；文化艺术品进口规模占全国的1/3，其中文物进口更是占到48%。

为促进文化高精尖产业加速集聚，北京天竺综合保税区国家文化出口基地先后引入了包括中财国合、中博智拓、北影文旅、当红齐天、文投乐石、中宇力度、点意空间等共计40多家文化类企业，文化无形资产租赁项目达到79个。2019年，基地文化类企业实现进出口总额11.38亿元，同比增长26.4%，其中进口6.03亿元，同比增长83.7%。文化类企业实现营业收入8.25亿元，占基地整体营业收入1.7%。

（二）主要发展举措

2018年9月海关总署正式启动关税保证保险担保试点，北京天竺综合保税区国家文化出口基地取得了全国首份关税保证保险报关单，推出文化艺术品出口关税保证保险、境外文物入区办理进出境鉴定审核手续、海关AEO出区展示免担保等措施，有力提升文化艺术品跨境贸易便利化水平，为企业节省了约7成的关税担保费用，同时实现即时通关。相较国内其他地区，北京天竺综合保税区国家文化出口基地率先实现文物入区鉴定，进一步打通文物进境回流通道。在海关各项政策措施支持下，基地运行7年来，已有约500余个展商在基地开展活动。国际文物艺术品博览会、国际艺术贸易论坛、“一带一路”文化重点出口企业展等120余场重要展览和活动陆续落地，参展文物和艺术品约 1 万件，总价值 150 亿元，为企业释放资金成本达到数千万元。

境外文物的大规模展出，得益于基地的保税政策，也得益于基地与首都机场口岸无缝连接。境外文物在基地展览展示，不用再缴纳大量税费和保证金，从而大大降低了展出的成本，展品从首都机场提货至基地内展馆用时仅 15 分钟。此外，入基地展览的文物、艺术品可免于提交监管证件，海关与文物部门在文化保税监管方面建立长期合作机制，对参展的文物及艺术品创新开展海关现场监管、文物现场鉴定，帮助企业在缩减办事环节的同时节省担保资金，大幅提升企业获得感。

结合国家对外文化贸易基地（北京）的定位和需求，天竺海关已打造形成“区内仓储 + 区外展拍”“区内展示 + 线上交易”和“保税展示交易”三种支持服务文化保税业态发展的海关监管模式，鼓励海外文物回流。2019 年北京天竺综合保税区国家文化出口基地完成文物进出境审核共计 41 批次，2493 件 / 套；艺术品进口规模占到全国的 1/3，文物进口更是占到全国的 48%。同年，北京天竺综合保税区国家文化出口基地文化类企业实现进出口总额 11.38 亿元，同比增长 26.4%，其中进口 6.03 亿元，同比增长 83.7%。文化类企业实现营业收入 8.25 亿元，占基地整体营业收入 1.7%。目前，由于北京天竺综合保税区国家文化出口基地的设立，北京已成为国际文物艺术品交流的重要窗口、海外文物回流的主要口岸。

（三）发展规划

在各项政策保障下，基地力图借助“境内关外”的特殊区域优势，将自身建设成为综合性文化贸易服务平台和国际口岸型产品市场、要素市场，立足北京，服务全国，在国际文化竞争与合作格局中发挥重要引领作用。同时，致力于培育一批文化贸易龙头企业，建成国际辐射力强的文化贸易功能载体，持续扩大文化贸易规模，助力全国文化中心建设，为下一步促进文化贸易规模增长和结构优化，推动文化贸易制度创新，培育文化贸易领域新业态新模式提供有力支撑。

二、安徽省合肥市蜀山区国家文化出口基地

2018 年 6 月，安徽省合肥市蜀山区获批为首批国家文化出口基地。此后，蜀山区积极引导相关文化产业资源向基地集聚，以“要让更多具有安徽特色、合肥特色以及蜀山特色的优秀文化产品和服务走向世界”为目标，加快推动示范基地建设。经过近一年的努力，蜀山区已集聚了文化出口企业近百家，其中重点龙头企业 17 家，版权贸易、图书、动漫手游、文化用品等出口产品和服务已辐射到全球 100 多个国家和地区，与“一带一路”沿线 35 个国家开展了贸易往来。在基地建设的促进下，2018 年，蜀山区文化产品和服务贸易出口额达到 6500 万美元。

（一）发展现状

2020 年，文化产品和服务进出口额实现 1.50 亿美元，同比增长 7.2%，约占安徽省文化产品进出口额总额的 10%。基地共有 11 家企业被评为国家级、省级文化出口重点企业，集聚了省、市级众创空间 14 家，文化出口企业近百家，涵盖版权贸易、图书、动漫手游、文化用品等出口产品和服务，辐射全球 110 多个国家和地区，与“一带一路”沿线 35 个国家开展了贸易往来，全区国家级、省级重点文化企业数及重点项目数均占安徽全省的 30%。2020

年，基地入选国家级文化“走出去”重点项目48项，其中，7个项目入选中宣部对外出版项目，入选数量位居全国地方出版集团前列；3种图书入选“丝路书香工程”重点翻译资助项目；2种图书入选“中国图书对外推广计划”项目。

多年发展经验使得安徽省合肥市蜀山区国家文化出口基地形成了以印刷出版物的版权输出为主要特色的产业聚集方向，以安徽出版集团为代表的印刷出版物版权输出、乐堂动漫为代表的动漫影视创意文化制作及版权输出、华文国际经贸为代表的文化用品生产与营销三大国际文化交易平台影响力和辐射力不断增强。2021年出版集团旗下的安徽少儿出版社等十家企业都被评为国家级、省级的文化出口重点企业，旗下的时代漫游教育科技有限公司的阿拉伯语学前教育数字课程平台研发与应用示范等三个项目也入选了国家文化出口的重点项目。其中安徽乐堂动漫、新方舟广告有限公司荣获第七届安徽省文化产业示范基地，时代传媒股份有限公司入选安徽省唯一单体类的国家文化与科技融合企业。

基地参加了2021年北京国际图书博览会线上展会，展出1200多种皖版精品出版物，举办国际高峰对话、境外实体线上联展、特色图书版权推广等60多场丰富多彩的在线文化交流活动，与来自“一带一路”沿线及欧美30多个国家和地区的100多家海外出版商在线进行洽谈交流，参展效果显著；通过法兰克福书展、伦敦书展、博洛尼亚童书展等国际书展云参展平台向外方推介最新版权书目，一批精品图书通过云展会平台实现版权输出；2021年的丝路书香工程的立项项目名单中，安徽省合肥市蜀山区国家文化出口基地入选了九个项目。同时，在影视作品的版权输出方面，基地的工作也卓有成效，纪录片《大黄山》登陆了日本放送协会（NHK）电台黄金档，安徽广电传媒的大型人文纪录片《中国文房四宝》发行到了德国、英国和韩国。总的来讲，基地向非华语地区出口比重不断增加，全年版权出口 512 项，连续 13 年在全国地方出版集团版权输出排名中位居前列。

（二）主要发展举措

基地在发展自身业务的基础上积极承担了平台作用，搭建起“美好安徽丝路书香文化推广中心”等 10 余个多层级对外文化交流平台，与 50 多个国家和地区的知名文化企业建立战略合作伙伴关系。例如：基地龙头企业在波兰设立公司，与外文出版社、中国少年儿童新闻出版总社、中国画报出版社合作，在波兰推出 4 种抗疫主题电子书，免费开放阅读；与黎巴嫩企业就“豚宝宝学前教育数字内容平台”阿拉伯语授权达成协议，开发故事、歌曲、卡通、游戏等，目前已提供 255 个项目视频；还承担了埃塞俄比亚教育部以及多所大学教育云及智慧校园项目建设，通过自主研发教育云平台，实现与埃塞俄比亚 36 所大学间的互联互通，为优质文化内容在埃塞俄比亚大学的传播奠定基础。

基地还十分注重非物质文化遗产保护方面的工作，成立了“非物质文化遗产传承保护开发中心”，“非遗”名录共 38 项；拥有市级非遗传习基地 2 处，不断完善健全非遗名录保护体系。以安徽中医药大学为建设载体，研究和探索产学研企合作新“出海”模式，引导中医药产业现代化发展方向。并以“国家知识产权强县试点区”建设为抓手，专项资金投入共计 1300 万元，将知识产权工作融入区域经济社会发展全局，促进文化出口产业“出海航行”。2020 年荣获国家及省级“走出去”荣誉称号 85 项。其中，时代出版传媒公司入选 2019 年度全国版权示范单位、5 家企业荣获“2020 中国图书海外馆藏影响力100强”、6家企业入选安徽省文化出口重点企业、4个案例入选“一带一路”出版合作优秀案例。

安徽省合肥市蜀山区国家文化出口基地积极利用各项利好政策来吸引文化出口方面的企业入驻。截至2021年，基地内已经有10家国家级、省级的文化出口重点企业，全区国家级、省级重点文化企业数及重点项目数均占全省30%。集聚各类文化出口企业近百家，涵盖版权贸易、图书、动漫手游、文化用品等出口产品和服务，辐射全球110多个国家和地区，与“一带一路”沿线35个国家开展了贸易往来。

2021年，全区文化产品和服务进出口额实现1.65亿美元，同比增长10.1%，约占安徽省文化产品进出口额总额的10%，基地的影响力和辐射力不断增强，为创新文化贸易模式，助力中国文化“走出去”，共同为推进文化强国建设，提升国家文化软实力做出了积极的贡献。

（三）发展规划

近年，由于疫情影响，国际交流不足，对于基地获取国际订单产生了较大影响，海外交流推广不如以往频繁，国际市场需求进一步下降。因此，安徽出版集团海外合作方的图书发行、销售工作面临困境，新书出版品种缩减，同时购买版权的意愿降低，文化“走出去”的难度加大，对基地产值增长产生了一定的冲击。

未来，基地将会继续以多元化文化平台、蜀山文化出口产业促进协会为资源集聚中心，推动徽派文化“走出去”，探索建立基地文化服务统计体系。坚持有效市场和有为政府相结合，在政府有效引导的基础上，充分发挥社会和社会市场的主动作用，以产业集群的理念建设出口基地，着力提升文化贸易、文化产业的质量。

基地详细制定了蜀山区国家文化出口基地2021至2025年的发展行动计划，主要发展传统的三大主导产业——影视与短视频、工业设计和文化科技服务贸易、非遗文化等特色文化产品与服务。同时，积极抓住数字化带来的新机遇，以大数据云计算、人工智能等新技术为基础，应用到图书出版、文化用品等传统文化产业的结构化转型中，提升国际传播速度和影响力，促进信息化技术与互联网以及动漫游戏等新型文化产品的融合，促进营销手段的创新，积极发挥网络平台的传播作用，为文化产业的提质增效注入活力。

基地将紧扣“创新、改革、开放”三个关键词，加强整体规划，推进产业集聚，打造品牌企业，发挥示范引领作用，统筹用好文化交流、文化传播、文化贸易三种方式，带动全市乃至全省文化服务贸易发展，努力提升徽派文化国际竞争力和影响力。

三、湖南省长沙市国家文化出口基地

近年来，长沙市紧扣“建设国家创新创意中心、打造国际文化名城”目标，以文立城、创业兴文，先后跻身公共文化标准化示范、文化与科技融合示范、上网服务行业转型升级试点、扶持实体书店试点、扩大文化消费试点等国家级平台，积极站位“东亚文化之都”，成功获评世界“媒体艺术之都”。长沙文化产业以独特的创造能力和创意水平，引领城市不断升级，以新的面貌走向世界。

（一）发展现状

长沙文化项目、文产项目的井喷式建设让人惊叹。从中部五省唯一的国家级文化产业示范园区天心文化产业园，到位居全国前列的国家级数字出版基地的中南国家数字出版基地，再到首批“国家级广告创意产业园区”创谷•长沙（国家）广告产业园。截至2016年，全市文化产业从业人员已经达到61.6万人，规模以上文化企业达1017家，实现文化产业总产值2581亿元、文化产业出口额285亿元，拥有文化贸易企业1904家，累计引进文化产业外商投资企业65家，累计实际利用外资1.68亿美元。“民营出版传媒第一股”天舟文化连续3年入选“世界媒体500强”，成为全国第一批对外专项出版试点企业之一（全国仅2家）。2017年长沙市文化产业实现总产出2864.4亿元（按《文化及相关产业分类（2012）统计》），同比增长11%；实现增加值902.6亿元，同比增长11.3%；文化产业增加值占GDP的比重为8.84%，较上年提高0.17个百分点，文化产业对长沙市经济贡献持续处于全国省会城市前列。

（二）主要发展举措

在平台建设和城市品牌打造方面，2017年，长沙市以“国际视野、国家格局、业务支撑、长期影响”的工作思路，突出“东亚文都快乐长沙”主题，开展了系列文化活动和对外交流合作，组织赴韩国参加2017东亚文化之都•大邱活动年开幕式等活动，形成了《京都宣言》书面成果4项，与大邱、京都积极开展文化交流和城市互动，互访超过30批次，互访人员超过800人次。2018年5月20日至23日，长沙媒体艺术节暨“一带一路”青年创意与遗产论坛举行，来自世界“媒体艺术之都”4个成员城市的11名代表、“一带一路”51个沿线国家的73名青年代表、联合国教科文组织代表以及近20万名长沙市民共同参与了此次活动。

从产品外销的成绩来看，湖南湘绣城集团的产品已经出口到美国、英国、法国等 15 个国家和地区。2017 年，湘绣城出口额逾 700 万美元，2018 年达到 2000 万美元。同时，长沙市积极通过强化政策保障、加大招商引资、优化升级园区，以各类特色产业为支撑，引领文化产业发展不断迈向新高地。截至 2018 年 6 月底，长沙市共有国家级文化产业园区（基地）12 家、省级 19 家、市级 14 家，有上市文化企业 8 家、新三板上市文化企业 14 家、拟上市文化企业 27 家。

2018 年 5 月始建的马栏山视频文创产业园是省委、省政府实施“创新引领、开放崛起”战略、推动湖湘文化走向全球的重要布局，将建成集视频内容、高科技及衍生产业于一体，具有国际影响力的中国“视谷”，打造世界级的影视贸易中心、国家创新创意中心、版权交易中心。长沙市致力于将顶层设计做“实”，将市场主体做“大”，将贸易环境做“优”，打造一批具有国际影响力的长沙文化品牌，建设一批对外文化贸易基地，搭建一批具有较强辐射力的国际文化贸易平台，把更多具有长沙特色的优秀文化产品和服务推向世界。长沙市已经与 29 个国家的 48 个城市结为友好城市或友好经贸合作城市等。

2019 年，湖南省长沙市国家文化出口基地启动马栏山版权服务中心•优版权一站式版权综合服务平台建设，以区块链技术为核心，依托大数据、人工智能等先进技术，通过线上线下相结合，实现了版权存证确权、登记、授权、侵权监测、取证、公证、维权、价值评估、质押等全链条服务，打通了版权贸易产业链各个环节，提高了版权保护和服务效率，有力带动版权贸易发展。马栏山版权服务中心每个月完成作品登记 200 件以上，“优版权”平台自 2019 年 7 月正式上线运行，2 年来用户体验不断优化。注册用户已达 2011 家，签约版权企业超过87家，品牌入驻总数176个，服务用户分布全国16个省（自治区、直辖市）。完成作品区块链存证799816件，公证保管6515件，出具公证书183份。未来在文化出口的保障方面，力争成为中南地区最大的文创版权综合服务平台，具备年登记10万件作品、年版权交易额10亿元以上、服务企业一万家以上的能力。

湖南省长沙市国家文化出口基地的主导产业是烟花爆竹，世界上有烟花生产线的国家其实并不多。浏阳烟花在我国烟花出口市场中占了六成以上的份额，在湖南省占了九成以上的份额，以2021年数据来看，烟花爆竹产值占当年文化产品收购总额的15.2%。其优势在于烟花爆竹是长沙本地的一个传统性的产业，现在也处于一个转型升级的阶段，从传统型烟花向更环保、更科技、更安全的方向转型。国内一些国家级的大型活动，比如元宵节和冬奥会、特殊的文旅活动等，对烟花需求量比较大。

出口方面，主要面向欧美市场，以及韩日等其他发达国家和另外的大型赛事等，例如卡塔尔世界杯就采购了长沙浏阳的烟花产品。而且，烟花燃放服务已经都实现了品牌化的流程管理，客户也可以定制烟花，比如燃放数量、种类、效果等等，设计完成后项目与国内的厂商绑定，把产品运到客户国家之后，还会负责燃放，专门派出工作人员进行燃放设施的现场搭建。

此外，长沙市也有一些其他特色产业，比如动漫、游戏、电竞等。长沙市已经连续七年举办动漫游戏电竞嘉年华，还有千方文化的“千方出海行动”等。京东方的亿云科技公司的一个数字文化产业项目入选了2021年“一带一路”文化产业和旅游产业国际合作重点项目。万兴科技的业务范围已经覆盖美国、日本、澳大利亚、英国、德国、加拿大等两百多个国家和地区，累计用户超过了15亿。湖南利美印务年均文化产品出口创汇达到千万美元以上。

（三）发展规划

长沙市着重执行其超级城市名片塑造工程，打造城市宣传品牌，发展目标是建设国家中心城市，打造国家创新创意中心，成为全国重要的文化创新、运营、交易和体验中心，从文创开发到数字经济，从娱乐网红、消费网红到文化网红和产业网红，通过经济制造与文化塑造相结合，城市形象与文创品牌形象相结合，现代服务业与数字经济相结合来实现文化增量与产业结构升级。这一目标将使长沙市不断优化资源配置，加快建设高铁会展新城，积极推进马栏山视频文创产业园建设，注重文化与一二三产业融合发展，充分发挥“媒体艺术之都”的优势，扩大长沙文化国际影响力，这些均为长沙市文化产业未来的发展壮大提供了良好的机遇。

四、广东省广州市天河区国家文化出口基地

天河区是广州现代服务业最发达、总部企业最集聚的区域，同时拥有国家数字服务出口基地和国家文化出口基地两大国家级服务贸易重点平台，文化产业创新驱动效应十分突出。天河区是全国最大的游戏产业集聚地，游戏动漫产业产值超千亿元，游戏产业收入占全国比重约 40%，是国内少有的拥有全产业链条，并正在加速形成产业闭环的电竞产业核心区域，基地为此配套制定了电竞产业（2020 ～ 2030）十年发展规划。

（一）发展现状

天河区积聚了一批全国知名游戏企业，在国家电子竞技统计口径的 10 个分类细目中均拥有代表性企业，培育了网易、三七互娱、趣炫、星辉天拓、君海网络、凡拓动漫、乐牛软件、汇量科技、赫墨拉等文化出口主力军，打

造了《第五人格》《梦幻西游》两大本土职业联赛联盟。为了更好地激活相关产业活力，区域积极打造华南地区的首家电子竞技研究创新基地，即粤港澳电信发展研究院，汇聚了一批电竞游戏研发团队、电竞专业人才；盘活现有的场馆资源，将天河区的文化艺术中心、体育馆等升级改造，5G 网络已实现全覆盖，天河体育中心、奥体中心等体育场馆配套设施完善，为电竞产业发展提供了充裕空间；营造电竞产业氛围，引进了中国电子竞技行业年会、王者荣耀全国大赛，全力打造粤港澳大湾区世界级电竞中心。

在信息服务类企业的孵化与集聚方面，天河区率先打造全国最大的粤港澳大湾区服务贸易自由化示范区，并在天河中央商务区设立“粤港澳大湾区国际商务与数字经济仲裁中心”，还拥有经国务院批准向全国复制推广的唯一一个文化贸易项目——中国（广州）国际纪录片节，并已经连续多年入选国家文化出口重点项目，是目前亚洲规模最大的纪录片会展。重点企业如优视动景的 UC 浏览器，是目前国内用户规模最大的手机浏览器，并已进军国际市场，服务 150 多个国家和地区，海外用户过亿，在印度和印尼两地市场份额分别达 55.4% 和 47.5%；酷狗音乐是中国综合排名第一的数字音乐运营商，拥有 14 亿移动端安装量；同样作为天河文化创意产业的代表，2013 年创立的荔枝 APP（智能手机第三方应用程序），如今已拥有全球注册用户超过 1.5 亿人，月活跃用户数 3000 万，月活跃主播数 300 万，音频节目超过 1 亿期，语音直播月收入近 1 亿元，并实现规模化盈利。

从全区情况来看，文化出口以游戏、动漫、电子竞技、数字音乐、创意设计等新兴文化创意产业引领发展，演艺、影视、图书等传统文化娱乐业辅助发展，“文化 + 金融”“文化 + 科技”“文化 + 商贸”等文化与其他产业融合发展形成大格局，文化产业竞争力较强，基地建设成效显著。

天河区文化产业增加值占全区 GDP 的比重逐年稳步提升。2012 ～ 2015 年，比重分别为 6.90%、6.97%、7.41%、7.42%。软件和信息技术服务业企业数约 1700 家，2015 年完成软件业务收入 1316.39 亿元，同比增长 18.98%。2016 年，文化创意产业实现增加值 283.5 亿元，占 GDP 比重 7.46%，增长 11.1%，占全市文化创意产业增加值 29.7%，居全市第一。2017 年，文化创意产业增加值位列全市第一，占全市总量近三分之一，占 GDP 比重达 7.46%。2018 年，文化产业增加值 389.12 亿元，占全区 8.86%，占全市 28.41%，稳居第一。截至 2018 年 5 月，有文化创意企业 9000 多家，规模以上文化创意企业共 344 家，从业人员 6.1 万人。在常住人口中，受过高等教育的人口总数达到 63.9 万人，占总人口的 41.34%。近 5 年举办国际性和全国性体育赛事近 60 场，举办国际规格演出 410 场，连续 10 年邀请世界各地著名音乐家参加“绚丽天河”国际音乐沙龙活动，切实提高了对外文化交流水平，凸显了天河区国际、时尚、高端、前卫的文化特色。2011 年起，举办广州乞巧文化节，国际国内媒体宣传覆盖人数过亿，在海峡两岸暨香港、澳门乃至东南亚地区形成了广泛影响。

2019 年，天河区规模以上文化企业 748 家，占全市 26.5%，文化服务出口总额约 2.5 亿美元，增长 46.2%，占全市约 33%。其中，商务部规定的广告服务、会展服务、文化和娱乐服务、研发成果使用费、视听及相关产品许可费五项内容的服务出口总额约 1.14 亿美元，增长 43.3%，占全市约 43%。5 家企业和 1 个项目入选 2019 ～ 2020 年度国家文化出口重点企业和重点项目。4 家企业入选 2020 年中国互联网企业 100 强，15 家企业入选 2020 广州文化企业 30 强，4 家文化出口企业评为广州市服务贸易示范企业和重点培育企业，龙头企业队伍不断壮大。2020 年，广州市首个电竞职业联赛联盟落地，

10家高规格电竞俱乐部落户天河区，同年举办的电竞赛事全球总决赛吸引了207个国家和地区共266万名选手参赛，在“一带一路”沿线国家和地区具有广泛影响力。基地某公司推出首个VR电竞赛事，抢占“VR+电竞”产业融合创新发展制高点。2020年，天河区规模以上文化产业法人单位共747家，文化产业实现营业收入1633.89亿元，分别占广州市的26.5%和40.6%。

2021年中国国际服务贸易交易会吸引153个国家和地区的1万余家企业注册参展参会，天河展团率近20家服贸领域代表企业参加此次服贸会，并亮相“计算机、电信和信息服务”专题展，展示天河企业在数字服务和文化出口方面的创新发展成果。同年，天河区9家企业和项目成功入选2021～2022年度国家文化出口重点企业和重点项目，占全市获评企业总数的60%，比2019～2020年度国家文化出口重点企业入选数量增长60%。2021年广州全市数字服务贸易规模达到235.84亿美元，增长42.8%，数字服务出口和服务辐射全球200多个国家和地区；全市文化服务出口同比增长1.5倍，与“一带一路”沿线30多个国家和地区开展业务往来。在特色服务贸易高速增长牵引下，2021年全市服务进出口额约500亿美元，同比增长34%，规模位列全国第四。

目前，天河区文化创意产业资源布局主要集中在五大片区，形成了独特的文化特征和街区风貌：在天河科技软件园区域，信息服务业相对集中；羊城创意产业园片区主要聚集的产业为信息服务业和创意设计服务业；广氮奥体片区主要发展的产业方向为广播电视电影服务；珠江新城天河路商圈片区主要产业方向为文化创意零售、特色餐饮、娱乐表演、体育赛事、艺术展览和时尚展示等；而沙河片区聚集了省文化厅、省文物考古研究所、省歌舞剧院、省艺术研究所等一大批省、市文化娱乐业重量级单位，是广州市文化产业密集程度最高的地区之一。

（二）发展规划

未来广东省广州市天河区国家文化出口基地将继续引进和培育一批电竞龙头企业和重大赛事活动，开发一批具有国际影响力、社会效益和经济效益相统一的电竞游戏产品，打造综合性赛事及展会平台，形成高质量的电竞产业生态圈，并围绕奥体中心推动电竞场馆及相关设施规划建设，紧抓电竞产业，努力将基地发展成为该产业的示范区、先行区。

五、江苏省无锡市国家文化出口基地

2017 年无锡市文化产业出口额达到 7.4 亿美元，其中仅文化服务进出口额就达 8000 万美元，位居全省前列。2018 年，无锡市凭借集聚度高、增长迅速的文化产业及文化贸易的显著优势，成为首批 13 家国家文化出口基地之一，是名单中少数以全市均衡实力入选的基地，也是江苏首家以城市全域入选的基地。无锡市新兴文化产业快速崛起的同时，传统文化产业也毫不逊色，丰富的文化旅游资源吸引众多海外旅客慕名而来，2018 年旅游外汇收入近 4 亿美元。2019 年全市文化贸易进出口额为 86 亿人民币，占全市服务贸易进出口额的 9.2%，其中文化服务出口额为 42 亿人民币。同年，全市接待中外游客突破 1 亿人次，旅游总收入突破 2100 亿元，同比增长 10.2%。文化企业总数 21066 家，规模以上文化单位 663 家，从业人员 9.68 万人，占全市规模以上从业人员总数的 5.6%。全市累计已获评 9 家国家重点文化出口企业和 2 个国家重点文化出口项目。基地的建设将有助于无锡市在更高层次上参与国际文化合作和竞争，打响“无锡文化”国际品牌。

（一）发展现状

现有文化企业总数超 2 万家，规模以上文化单位 1000 余家，从业人员超 10 万人，已培育无锡国家数字电影产业园、国家工业设计园、国家广告产业园、软件园等 18 个集聚度高的文化产业园区（其中国家级 5 个）。作为全国唯一的国家级数字电影产业园，无锡市积极发挥平台作用，区内聚集了影视企业 1000 余家，承接影视剧拍摄制作 1200 余部，年产值 65 亿元，规模位居全国前列，现已成为中国重要制片基地、国家文化和科技融合示范基地、江苏省电影产业创新试验区。无锡市的国家工业设计园集聚了工艺美术设计、建筑设计、环境设计、汽车外观及工装模具设计、服饰设计等 400 多家设计服务企业，并通过强化文化创意产品研发，创新技术工艺等举措，提高了产品的出口附加值，扩大了文化设计品牌的影响力。

全市涌现出了一批品牌企业，累计已获评 9 家国家重点文化出口企业和 3 个国家重点文化出口项目。到 2024 年，力争新增出口 3000 万美元以上的文化龙头企业 5 家，新增出口 500 万美元以上的文化企业 10 家。根据江苏省无锡市国家文化出口基地的产业规划，无锡市形成影视文化、动画和漫画、新媒体和网络游戏、传统民族文化产品、文旅融合等五大重点产业，这些产业合力把更多具有无锡元素的优秀文化产品和服务推向世界。

（二）主要发展规划与举措

通过加强战略研究和统筹规划，无锡市对各地的发展现状和资源优势等进行综合考量、整体设计，将继续打造一批具有示范、辐射、带动作用的文化产业园区（基地）和平台，形成分工合理、重点突出、各具特色、相互融合、覆盖全市的文化贸易发展布局。当好信息技术领域“文化 +”商业模式的排头兵，加快建设无锡国家动画产业基地和动漫游戏产业振兴基地。市级层面大力发展数字影视制作中心、国内外剧本交流交易中心、外观设计专利信息中心、超级云计算中心、动漫作品版权、新媒体技术等公共服务平台，为文化贸易企业提供技术支撑和服务保障。

加快培育形成集数字电影后期制作、影视剧拍摄、动漫游戏、版权交易、影视制作培训等为一体的影视动漫产业链，吸引跨国影视传媒企业、著名影视工作室入驻，实现影视文化产业专业层次、产业集聚度、产业品牌影响力的提升发展；加快培育形成以工艺美术设计、建筑设计、环境设计、视觉设计、汽车外观及工装模具设计等为一体的创意设计产业链，强化文化创意产品研发，扩大文化创意品牌影响力，提高产品出口附加值；加快培育形成集数字传媒、互联网广告推广、移动通信应用服务、多媒体应用与内容制作等为一体的新媒体产业链，打造国内领先的新媒体产业基地。加快促进数字出版、演艺策划、文化经纪代理等其他新兴行业发展，进一步推动国际文化交流传播；加快促进数码影像设备、三维（3D）打印等国际先进水平的高科技文化产品制造业发展，鼓励文化贸易企业加大对文化出口产品和服务的研发投入；加快促进优秀传统文化品牌化发展，继续加大对特色文化产品出口的支持力度；加快促进文化旅游融合发展，充分发挥当地旅游资源丰富的优势，注重历史文脉传承，加快全域旅游示范区建设。

通过聚焦影视动漫、创意设计、新媒体等重点领域，坚持引企、引资、引智相结合，加快引进和培育一批基地型、龙头型文化产业项目。支持倍视文化、凤凰画材、灵山集团、慈文传媒、央视网络等重点企业发展，加快培育更多创新力强、发展潜力大的成长型骨干企业，充分发挥在产业集聚、示范引领、扩大出口等方面的支撑作用。支持文化企业对国际先进技术的消化、吸收和再创新，大力培育自主知识产权和品牌，不断提高企业的核心竞争力。鼓励有实力的文化贸易企业跨地区、跨行业、跨所有制兼并重组和上市融资，争创国家文化出口重点企业和重点项目。扩大外资在文化服务和文化产品制造行业的市场准入，引进国外资本和先进技术，进一步发展 VR、AR、3D 打印设备等高科技文化制造业，积极引进国外广告、建筑、艺术设计和影视、动漫、游戏、数字媒体等文化创意产业及相关技术服务业。

通过积极开展文化贸易专题对接交流活动，有针对性地组织文化贸易重点园区和企业组团参加境内外文化类重点展会，通过集中参展、统一宣传，特别是加强与“一带一路”沿线国家和地区的文化产业合作，展示无锡市文化产业整体形象，帮助企业深入开拓国际市场。以传统民族文化产品产业为例，江苏凤凰画材科技股份有限公司创始于 1995 年，是一家以生产系列画材和画品以及艺术品经营和推广为主导产业的出口型民营企业。2006 年在越南建立海外工厂，2014 年在柬埔寨成立第二家工厂，目前这两家工厂都发展顺利，先后被评为国家文化出口重点企业。在配套设施的辅助和政策引领下，公司目前以对外出口为主，销售额占公司总营收的 90%。充分借助各特色园区和龙头企业的优势，积极面向海内外举办一批有影响力的国际性文化创意类展会活动，为市场拓展和加深合作搭建良好平台。加快文化与科技融合的步伐，鼓励文化贸易企业借助电子商务、众筹众包、资本输出、创意输出等新型交易模式拓展国际业务，推动文化出口多样化。

通过深入实施“太湖人才计划”系列人才政策，积极对接和争取国家、省人才政策，加大高端文化人才和创作设计团队的引进力度，吸引更多高层次人才来锡投资创业。积极发展文化创意高等教育和职业教育，调整或新设一批符合市场需求的实用性专业学科，加强创作、技术、管理等专业人才的培养。鼓励文化贸易企业自主培养人才和建设实训基地，做好从业人员的教育培训工作。

六、山东省淄博市博山区国家文化出口基地

山东省淄博市博山区自然资源丰实，文化积淀深厚。作为五大瓷都之一，是中国琉璃文化发祥地，更是科技史学界公认的“明清时代琉璃制造中心”，“世界琉璃在中国、中国琉璃看博山”的美誉享誉海内外，鲁派内画鼻烟壶在国内独树一帜，深受国内外客商欢迎。鸡油黄、鸡肝石、雨点釉、茶叶末釉等陶瓷琉璃名品广受国内外收藏界人士热捧收藏。“中国石榴王”“中国孙氏琉璃鸡油黄”“中国琉璃葡萄孙”“中国琉璃内画张”等一批荣誉称号花落博山区，博山双美（美术陶瓷、美术琉璃）产品远销海外长盛不衰。

（一）发展现状

博山区作为中华陶琉文化城、中国琉璃之乡，依托深厚的历史文化积淀和雄厚的产业基础，充分发挥国家文化出口基地集聚、引领和辐射作用，逐渐形成较为完备的陶琉文化产业链体系，例如人立文创已打造形成集体验式旅游、电子商务、外贸出口、内销连锁加盟、加工包装于一体的“陶琉文化＋艺术＋工程＋珠宝”销售运营模式。博山琉璃入选首批“山东好礼·一城一品”，“博山陶瓷”“博山琉璃”被评为国家优秀地理标志证明商标，品牌效应显著，博山区在此基础上努力搭建出了一批文化贸易平台，并在后备力量的培养方面发力，引进了一批领军人才，打造了一批陶琉文化贸易品牌。

博山区原有的陶琉文化贸易企业近300家，2017年产值达到100亿元，陶琉文化产品和服务出口达到10.1亿美元，产品销往世界100多个国家和地

区，成为产业链及配套体系完善、具有较强国际竞争力的陶琉文化产品生产和出口基地。自2018年申报成功国家文化出口基地以来，基地出口额基本上保持每年15%左右的增速。博山区2020年出口额达16.3亿元，基地已有文化出口企业120余家，从业人员1.5万余人。截至2021年，基地内已有自营进出口权企业116家，从业人员2万余人，其中专业技术人员3000余人，年产值40多亿元。2021年出口总额（包括货物出口、服务出口两项）达到了28.84亿，创造了历史新高。2022年上半年完成出口额15.8亿元，连续入选国家文化出口基地首批和第二批创新实践案例。博山区先后被评为中华陶琉文化城、中国陶瓷琉璃艺术之乡、中国琉璃之乡、北方瓷都、鲁派内画发源地，成为中国陶瓷和琉璃工艺品重要生产和出口基地。现有琉璃生产企业21家，从业人员5000余人，聚集了国家级、省级艺术大师共124位，成立了102家大师工作室，基本上聚集了全国的陶琉艺术家，人才储备充足。博山区的陶琉产品销往美国、欧洲、日本、澳大利亚等40余个国家和地区，约占全国市场份额的60%。

最近几年，博山区借助获批国家文化出口基地的契机，逐步释放政策红利，累计为文化企业落实各级扶持资金近9000万元，现已设立专项资金对现有的59名国家级陶琉艺术大师及各类省级大师，每月给予津贴补助，对获得突出成绩的给予表彰奖励，已发放政府奖励津贴122万元。基地打造陶琉文化创意产业园，积极与十几所高校建立产学研合作，搭建产品设计、文化体验、贸易交流的共享平台。截至目前，博山区集聚文化出口企业158家。

（二）主要发展举措

1. 区域交流与政策保障。基地与中国（山东）自贸试验区济南片区国家文化出口基地签订了合作协议，相互推广并进行信息交流。基地已入驻中小文化企业 500 多家，集聚 4000 多种文创产品，带动文化出口额超过 15 亿元。建设文化出口公共服务平台，常态化开展品牌培育、宣传推广、人才引进等工作，组织“外汇服务进企业博山行”活动，帮助陶琉企业解决融资问题。建立跨境电商产业园，为企业出口、结汇、退税提供便利服务，全面开展网络直播带货，建立境外营销网络 100 余个。创建玻璃制品国家外贸转型升级基地、山东省陶琉文化特色服务贸易园区，助力企业集群发展。博山区还高度重视知识产权工作，先后被批准为国家传统知识产权保护示范区和山东省知识产权示范区，鼓励陶琉文化企业积极申报国家专利，在此基础上，博山琉璃获得 5 项国家外观设计专利证书。

2. 拓展产品海外市场。基地牵头先后组织开展了“溢彩琉璃咏东方”博山琉璃海外巡展，在马耳他、毛里求斯、马来西亚、印度尼西亚、菲律宾等 13 个国家和地区展览；参加在美国、加拿大、巴拿马、日本组织的“孔子家乡——山东文化贸易展”；组织参加法兰克福国际消费品展、香港礼品及赠品展等国际知名展会 20 余个。2018 年，博山区组织全区陶琉文化企业参加了国内外重点展会 30 余个，其中国际重点展会 20 余个，帮助企业开拓国际市场，加快发展陶璃文化贸易，推进国家文化出口基地建设。同年，山东黑山玻璃集团有限公司、山东宏达玻璃制品有限公司被评为中国日用玻璃行业知名品牌，山东宏达玻璃制品有限公司被授予“中国大型玻璃容器龙头企业”称号。2021 年中国国际进口博览会期间，设立了“博山国家文化出口基地”特色展区。

3. 产品推介推广。基地牵头成功举办 2019 年中国博山琉璃文化艺术节、美食美器文化节，组织参加“中华老字号故宫过大年”展、第 54 届全国工艺品交易会暨“金凤凰”大奖赛等10余个国内外高端赛会，作品斩获国内外大奖100余个奖项。举办“最美是琉璃”全国中学生征文大赛、琉璃艺术精品公益拍卖会等活动20余次；在中央电视台策划播出陶琉专题宣传片《幻彩琉璃》等10余部、在省市电视台播出20余部；拍摄《绿水青山带笑颜》电视剧及系列电影进行实名宣传；借助各级报纸、电视、网络、新媒体和“学习强国”等平台，多层次、多角度宣传展示博山陶琉文化。

4. 城市品牌塑造。现已改造提升老工厂区和明清建筑群落，修缮106个院落、305间房屋，开放5条特色街区，成为网红打卡地。高水准打造城市景观，“和谐阙”、56朵“民族之花”“北京记忆”等陶琉景观成为首都“文化符号”，大型灯工作品、园林陶琉景观入驻全国多个城市。积极加速文旅融合，建成博山陶瓷琉璃艺术中心、九龙峪山地琉璃公园等10余处陶琉主题景点及20余处陶琉艺术博物馆，形成“赏学游购娱”一体的旅游模式。

（三）发展规划

未来，基地将持续致力于完善中小企业服务体系，重点挖掘有发展潜力、成长性好的中小陶琉企业，着力培育具有国际竞争力、走“专精特新”发展道路的“小巨人”型陶琉文化贸易企业；发展陶琉直播电商，开展直播带货，积极打造直播电商基地。加强博山陶琉国际商贸城建设，搭建集国际国内贸易、现代物流、电子商务于一体的国际交易平台。抓好博山琉璃设计研发中心建设，继续加强与国内外著名专家学者合作，开展陶琉技艺交流。抓好高等院校校外教学实习基地和创作研究基地建设，促进陶琉产业升级。

七、上海市徐汇区国家文化出口基地

上海市徐汇区国家文化出口基地核心主导产业是游戏产业。上海市游戏产业占到国内60%左右，徐汇区的游戏产业占到上海市的近50%，相当于占据游戏产业国内总产值的30%。另外，徐汇区本身集聚了很多文化资源，如上海话剧中心、上海交响乐团、上海越剧团、上海昆剧团、上海京剧团等等文艺机构，还有包括上海教育出版社、上海科技出版社等一批出版机构。文化出口产值可观，拥有众多出口重点项目。另外，在影视方面，国家广播电视总台的长三角总站设置在徐汇区，区内的企鹅影视做网播产业，出口量不断增长，尤其在东南亚市场广受欢迎。除此以外，上海市国际艺术品交易院设立在徐汇区，由上海市委宣传部牵头，围绕美术馆大道举办“国际艺术品交易月”。游戏、演艺、出版、影视以及艺术品交易等产业互相之间有跨界合作。

（一）发展现状

2015年区内文化服务重点企业出口额0.5亿美元，2016年增至0.7亿美元，全市排名第一。区内拥有一批知名文化产业品牌，影视产业集聚了上影集团、尚世影业、企鹅影视等龙头企业。同时，依托腾讯、东方明珠新媒体、巨人、游族、淘米、米哈游、恺英等重点文化出口企业，大力发展动漫网游、网络视听等领域，积极布局VR技术、二次元、网络剧等新业态，打造数字文化产业高地。区内西岸艺术品保税仓库与新加坡自由港合作，打造国内首个纳入自由港全球服务体系的艺术品保税综合服务平台，已经为苏富比、佳士得等百余家艺术机构提供艺术品专业服务。2018年以来，已经流通展品近120件，总货值逾9亿元人民币。

2018 年，上海市徐汇区国家文化出口基地文化产品出口 0.59 亿美元，同比增长 2.61%；文化服务出口 5.75 亿美元，同比增长 15%。基地内有文化贸易企业 189 家、“全国文化企业 30 强”2 家，2017 ～ 2018 年度，基地有 8 家企业被评定为国家文化出口基地重点企业，1 个项目被评定为重点项目。

根据国家统计部门数据，2020 年徐汇区规模及以上文化及相关产业实现营业收入 1797.36 亿元，占全市比重 22.5%；同比增幅 6.4%，高于全市平均增幅 8.3 个百分点；2021 年上半年实现营业收入 1095.84 亿元，蝉联全市各区第一，占全市比重 21.91%，同比增幅 32%。载体建设方面，徐汇区目前拥有市级文创园区 15 个，示范楼宇 4 个，示范空间 5 个，总数量位居全市第一，入驻企业 1300 余家。

（二）主要发展举措

1. 加大对文化出口的财税政策支持力度。2018 年，“上海市促进文化创意产业发展财政扶持资金”扶持基地 26 个项目，扶持资金 2200 万元，区级配套扶持资金 800 多万元，推动动漫网游、演艺、创意设计等行业发展，带动文化创意企业投资超过 2 亿元。上海市服务贸易发展专项资金资助基地企业 4 家，共计 104 万元。

在数字内容方面，2020 年基地中的七家文化出口重点企业共完成出口额 1.36 亿美元，同比增长了 85.7%。在艺术品交易方面，西岸艺术品保税仓库为 40 多家艺术机构和 30 多场大型展览提供专业服务，总货值逾 200 亿元人民币。在文化“走出去”方面，“中华文化走出去北美综合运营平台”的节目和活动覆盖北美超 3.3 亿人口，外文版《文化中国》丛书已销售到 43 个国家和地区。

2. 制定“三年行动方案”。基地建设之初，徐汇区就建立了国家文化出口基地（徐汇）建设领导小组。同时，由上海市商务委员会牵头研究基地建设与发展的总体策略，并制定了“三年行动方案”。经过一年多的发展，一个现代文化产业体系在基地逐步形成。在艺术方面，以西岸地区独有艺术资源和产业平台打造上海特有的艺术品产业生态体系。油罐艺术中心、西岸美术馆已基本建设完成，星美术馆、保税仓库二期建设工程有序推进，已引入7家画廊、3家拍卖公司、5家艺术家工作室和7家建筑和设计师工作室。徐汇滨江管委会与香港西九文化管理局签署了为期5年的战略合作协议，推动“双西”合作项目落地。深化西岸集团与法国蓬皮杜国家艺术和文化中心的国际合作，展陈项目于2019年11月初落成开幕。

2021年，徐汇区通过市、区文化发展专项资金，重点支持艺术传媒、数字文娱、文旅消费、原创内容、产业服务体系建设等领域，共支持各类项目70个，扶持金额1945.3万元，带动社会投资超5.6亿元，有效促进徐汇区文化和旅游产业高质量发展。

3. 打出“海派之源”口号。为了打造城市品牌、文化名片，徐汇区打出“海派之源”的口号，代表上海传统文化，鼓励企业等主体在进行研发创作时融入“海派之源”的概念。比如文旅消费季，徐汇区和米哈游合作使用梧桐树叶的元素制作了相关宣传片。

在品牌塑造方面，充分利用和建设好徐汇区文旅地标载体，如武康大楼、徐家汇书院、徐家汇体育公园等，做大做强建筑可阅读、国际艺术品交易月等优质品牌；大力支持相关企业在徐汇区的“首发”“首演”“首秀”活动，打造文旅新地标，致力于为企业和游客提供有温度、高品质的文旅体验，不断提升城区文化旅游影响力。汲取海派文化精粹，依托区域内上海交响乐团、上海音乐学院、上海话剧艺术中心、上海京剧院等市级文化院团资源和驻沪领事馆、国际组织、社会团体、学术机构等外向性资源，举办国际文化论坛、文化表演、文化展览等活动。

（三）发展规划

徐汇区力争以“建设卓越全球城市的国家文化出口基地”作为区域文化产业发展的目标定位，将自身打造成国际文化枢纽。在后续建设中注重创新发展，以国家文化和旅游消费示范城市建设为契机，打造文体旅消费多元特色空间和文体旅消费新场景；以专项扶持资金为抓手，用好徐汇区作为国家文化出口基地的优势，加强文旅与科技融合、数字化发展，重点关注企业的商业模式、技术创新，培育一批数字化、创新性、融合性的文旅示范项目。坚持文化交流与文化贸易并重的方针，创新思路办法，拓展途径渠道，形成全方位、多层次、宽领域的文化“走出去”格局，积极搭建多元文化交流平台。建立与国际重要文化城市的交流合作机制，深化西岸集团与法国蓬皮杜国家艺术和文化中心的国际合作。

对于重点产业的集群式发展，徐汇区将以艺术传媒产业为核心，加强头部企业、重点企业引进和培育力度，依托西岸传媒港等载体资源，促进企业集聚，围绕电影和视听、演艺、游戏和电竞、创意设计、旅游业等重点发展领域，将支持一批主业突出、核心竞争力强、行业带动性大、综合实力领先的优质企业和标杆性项目，着力孵化和培育本土文化品牌，重点关注艺术演艺、影视传媒、数字内容、创意设计等领域，鼓励一批具有特点和潜力的本土文化企业走向国际市场，扩大文化出口。基地也将元宇宙以及数字艺术品、数字广告、数字传媒当作接下来这一阶段产业发展的重点方向，通过筹建版权联盟、联合区内的游戏企业建立元宇宙产业联盟等方式，利用区块链技术给创作者、运营者版权费。活用影视企业中大量的品牌形象方面的沉淀，通过各种方式转让、推广、再开发，大力支持产业优化发展。

基地未来将继续强化区域内数字文化产业优势。促进文化与科技深度融合，鼓励和支持数字文化企业加大文化出口规模，开展海外投资，进一步提升动漫、网游、数字出版、网络视听等数字内容产业能级，培育一批民族文化品牌，进一步鼓励创新贸易规模、拓展国际市场。整合区域优质文化资源优势，发挥国家文化出口基地的集聚、引领和辐射作用，创新贸易方式，培育市场主体，完善促进体系，鼓励本土文化走向国际市场，培育和发展一批具有一定行业号召力和影响力的对外文化贸易龙头企业，将徐汇区建设成为规模更大、辐射更广、作用更强的文化贸易综合服务平台，带动文化出口增长和结构优化，为提升中华文化软实力提供支撑。

八、四川省自贡市国家文化出口基地

自贡市地处四川省西南部，位于成渝地区双城经济圈南翼，辖区面积4381平方千米，人口320万，素有“千年盐都”-“恐龙之乡”“中国灯城”的美誉。自贡市拥有世界地质公园，是国家级历史文化名城、中国优秀旅游城市、全国文明城市、国家级园林城市，也是全国老工业城市转型升级示范区、国家骨干冷链物流基地、四川自贸实验区协同改革先行区。

（一）发展现状

自2018年获批全国首批、川渝唯一的国家文化出口基地以来，自贡市深入贯彻落实党中央、国务院和四川省委、省政府有关工作部署，抢抓融入成渝地区双城经济圈建设重大战略机遇，聚焦彩灯文化产业，深入实施“彩灯+”“+彩灯”“彩灯进家庭进社区”计划，着眼于服务川渝、辐射西部，推动产业升级、业态赋能、贸易创新、文化传播、服务再造，加快国家文化出口基地建设，推动全市文化贸易高质量发展。

截至目前，基地入驻文化企业2000余家，文化贸易备案企业177家，同比增长10%。2020年自贡市文化产业增加值55.70亿元，占GDP比重3.87%。2021年，45家文化贸易企业与40多个国家和地区开展贸易往来，实现文化出口2838万美元，同比增长3.63%，其中文化服务出口1226万美元，文化产品出口1612万美元。36家企业和13个项目入选国家文化出口重点企业和重点项目，数量居全省第一。

（二）主要发展举措

在顶层设计方面，四川省高度重视国家文化出口基地发展，积极争取将“高质量建设国家文化出口基地，支持川剧、彩灯等中华文化走出去”纳入《成渝地区双城经济圈建设规划纲要》，四川省“十四五”规划和2035年远景目标纲要及四川省“十四五”服务业发展规划、文化发展和改革规划、文化和旅游发展规划等一系列专项规划都提出了要加快推进国家文化出口基地建设。

在机制体制方面，四川省由省商务厅等16个部门联合印发了四川省推动国家文化出口基地高质量发展工作方案，制定了六大方面33项工作任务；自贡市成立由市委书记、市长任双组长的基地建设领导小组，挂牌常设机构基地建设办公室和文创办公室，建立领导小组会议机制，按年度印发工作要点，制定重点工作、重大项目、对上争取等任务清单，并将其纳入市委市政府重点工作目标督查考核，形成纵向联动、横向协同工作机制，奋力推进产业发展、业态创新，激发服务水平和载体能级不断提升，统筹推动基地高质量发展。

在主体培育方面，自贡基地坚持“有效市场”和“有为政府”有机结合，实施“文创小巨人”和文化出口领军企业培育计划，大力培育各类市场经营主体，扩大基地聚集效应。基地聚集以彩灯为主的文化企业超过2000家，年产值50亿元，常年从业人员达5万余人（季节性用工达到10万余人），累计新增专利授权284件，著作权10033件。其中规模以上文化及相关产业企业93家，拥有全国彩灯行业中唯一的新三板挂牌上市企业，涌现出国家文化出口重点企业、四川省开放发展领军企业、四川省文化旅游产业优秀龙头企业等一大批行业领军者，推动基地文化产业蓬勃发展。2020年自贡文化产业增加值55.70亿元，占GDP比重3.87%。

在项目建设方面，基地以项目建设引领企业集聚发展和产业转型升级，累计实施重大项目41个，总投资161.92亿元，完成投资117.63亿元，中华彩灯大世界、自贡恐龙文化科技产业园、土陶文化创意产业园等24个项目建成投运，高新区创建省级文化和科技融合示范基地，大安区入选天府旅游名县，荣县入选天府旅游名县候选县，产业发展空间加速拓展。其中中华彩灯大世界项目位于自贡市东部新城，计划总投资74.8亿元，占地约2280亩。该项目打造以彩灯为主题，融文化创意设计、彩灯制作、彩灯会展、彩灯主题公园、彩灯小镇、彩灯总部基地、高端酒店度假等为一体的文化旅游综合项目。现已完成一期550亩提升建设，投资5.5亿元，已成功举办第26、27、28届自贡国际恐龙灯会，累计接待游客约200万人次。

在业态赋能方面，自贡基地致力于推动中华优秀传统文化创造性转化和创新性发展，以“多业态＋彩灯”重塑传统文化和对外贸易发展模式。借力国内国际重大展会资源优势，成功打造“世博会＋彩灯”“进博会＋彩灯”“西博会＋彩灯”等合作项目。主动对接赛事活动，制作冰墩墩和雪容融形象灯品亮相北京冬奥会。与知名品牌强强联合，在自贡国际恐龙灯会设立五粮液、天友品牌文化体验专区，定制冠名门票，推出灯酒文创产品、百特纯牛奶与自贡彩灯联名产品，让彩灯文化走进千家万户。

在贸易创新方面，自贡彩灯和仿真恐龙作为基地颇具代表性的出口产业，几乎在全球“占据”了该领域的海外市场，真正意义上体现了国家文化出口基地的“自贡制造”魅力。自贡基地文化贸易备案企业 177 家，常年有出口实绩企业 80 余家，与全球 40 多个国家和地区开展贸易往来，其中 5 家企业在美国、英国、法国等 10 个国家设立了分公司或办事处，逐步形成以美国、英国、法国等国为支撑点，“一带一路”沿线国家为连接线，日本、澳大利亚、新加坡等 RECP 成员国为覆盖面的国际文化贸易市场网络。基地企业结合友好城市交往、中西方传统节日等主题契机开展彩灯项目 280 余个，充分发挥“彩灯 +”平台功能，开设“中国集市”，带动戏曲演艺、武术杂技、精品文创、中国制造等借灯“出海”。2021 年，基地实现文化出口 2838 万美元，同比增长 3.63%，其中文化服务出口 1226 万美元，文化产品出口 1612 万美元。

在品牌推广方面，自贡基地承办由商务部主办的首届国家文化出口基地论坛，与法国布拉尼亚克市举行地方经济线上交流会议；成立自贡彩灯行业协会，推进“自贡彩灯”公共服务品牌建设，持续做优“中国彩灯节”“中国花灯节”等境外彩灯品牌，推动彩灯行业六项市级地方标准成功创建为省级地方标准，不断提升自贡彩灯文化国际影响力和知名度。基地累计 46 家企业和 18 个项目入选国家文化出口重点企业和国家级重点项目，5 个项目入选文化和旅游部“一带一路”文化产业和旅游产业国际合作重点项目，“自贡彩灯·点亮世界”系列宣传推广活动入选文化和旅游部“全国国内旅游宣传推广优秀案例”，《光之交响·上元雅集国际彩灯节巡展项目》获评2022年服贸会全球服务实践案例。在服务保障方面，自贡基地成立外贸综合服务中心、法律公共服务站，打造服务出口企业信用保险统保平台，建设“灯汇宝”汇率避险履约保证金资金池，多管齐下为企业“走出去”保驾护航。成立国内首支彩灯产业专项基金，推出“彩灯文化经营快贷”等多款专属信贷产品，累计发放贷款15亿元。创新“一个平台+三项机制+三方联动”出口退税服务举措，压缩出口退税办理时限至1.07个工作日、出口通关时长至1.19小时。累计4项工作经验成果入选《国家文化出口基地创新实践案例》，在全国推广。

在人才培养方面，依托自贡职业技术学校等成功创办省级特色专业——民间传统工艺（彩灯设计制作方向）；创建自贡职业技术学院，初期开设彩灯设计与制作等7个专业；成立全国首个彩灯学院，逐步搭建了“中职—专科—本科”彩灯人才培养梯度体系。由政府、学校、组织、企业共同参与，打造25个彩灯专业实践教育基地、就业实训基地。基地成功将彩灯艺术专业纳入国家职称专业体系，惠及彩灯行业常年从业人员4.5万余人，成功创建“彩灯工匠”国家级劳务品牌，累计638名“彩灯工匠”获国家专项职业能力证书，18名彩灯制作选手获“盐都能工巧匠技能明星”等称号，11名选手在“四川工匠杯”-企业技能大赛中获奖，年均完成彩灯行业培训3900余人次，满足了创意设计、材料研发、生产制造、营销管理等彩灯全产业链人才需求。

（三）发展规划

未来，自贡基地将持续深入贯彻落实习近平总书记关于推动中华文化“走出去”的重要讲话精神，以高质量发展为主线，加快融入成渝地区双城经济圈建设，深入实施“彩灯+”“+彩灯”“彩灯进家庭进社区”，全力建设特色文化产业发展示范区、文化驱动城市转型试验区、中华文化走向世界先行区，打造“服务川渝、辐射西部”的国家文化出口基地，为中华文化和中国制造“走出去”贡献自贡力量。

九、云南省昆明市国家文化出口基地

云南省昆明市国家文化出口基地是2018年6月份获批的首批国家文化出口基地。主要产业分为四个方面，一是民族手工艺品的出口，二是文化演艺，三是书籍、影视译制，四是电视传输。四个产业的形成一方面是基于昆明市当地的少数民族文化特色，将其融入玩具、装饰品、配饰等各类手工艺品的生产制造，形成昆明市独有的少数文化出口产品。另一方面，昆明市靠近东南亚国家，具有区位优势，例如书籍影视作品的译制，主要是面向东南亚国家，如越南、柬埔寨、缅甸等。基地紧紧围绕建设区域性国际中心城市、面向南亚、东南亚文化创意产业发展新高地的任务目标，按“政府引导、市场运营、社会参与”的运营管理模式，以知识产权创新、保护、运用为驱动，以数字广告、信息技术、动漫等“新文创”为引领，以文化创意、艺术设计、非遗传承保护为抓手，以面向南亚、东南亚文化交流、数字贸易为突破，为构建新发展格局与服务面向南亚、东南亚辐射中心建设发挥积极作用。

（一）发展现状

基地利用国际贸易单一窗口、小商贸流通企业公共信息平台、线下园区聚集效应三位一体模式，实现对企业的高效服务，培育了一批文化出口重点企业。2020 年，全市文化及相关产业法人单位超过 23000 家，规模以上文化企业 303 家，从业人员突破 14 万人，全市文化及相关产业增加值约为 288.53 亿元，占 GDP 比重约为 4.28%。2021 年文化进口的数据在 1000 万美元左右，出口额达 14.1 亿美元。

通过产业聚集，已建成 34 个国家和省、市级挂牌文创园区（基地），园区内企业实现营业收入 309.14 亿元，入园企业 4016 家，从业人数 41651 人，并成立了昆明市文化创意产业园区发展联盟，统筹推动园区差异化发展。大力推进文化建设和产业发展“510”工程，十大文化创意产业园区已建成 7 个，十大文化旅游主题公园已建成 5 个，十大市级重大标志性文体设施已建成 3 个，十大特色历史文化街区已建成 9 个，十大文化旅游体育（节庆）活动品牌已全部打造完成。同时，基地在文化“走出去”方面取得了很大成效。昆明新知集团在柬埔寨、南非等 9 个国家建立了国际连锁华文书局；南数传媒有限公司拥有境外老挝北部 3 个省 6 级地面数字电视传输网及电视台的特许经营权，面向海外观众持续传输、弘扬我国优秀影视文化，对外宣传覆盖人群约 15 万人；皇威传媒在老挝、缅甸、孟加拉国等东南亚、南亚国家建立了海外译制中心，目前有超过 2000 集的中国影视剧发行，并在老挝等国家电视台和各省级重要电视台黄金时间热播。

作为一座旅游城市，昆明对外缔结国际友好城市（友好交流城市）达到 46 对，其中在南亚、东南亚的友城数量居全国第一。在此基础上，基地发起成立昆明国际友城旅游联盟，对 53 个国家实行 144 小时过境免签；实施海外“昆明书屋”项目，已在缅甸、马来西亚、泰国、老挝建设四所；举办南博会、旅交会等品牌展会，会展业连续两年获“中国最具竞争力会展城市”第4名，获评2020年“中国国际化营商环境质量十佳城市”，使城市成为中国面向南亚、东南亚国家开放的前沿。

在基地的带动下，9家企业获评“2019～2020年度国家文化出口重点企业”；11个项目获评“2019～2020年度国家文化出口重点项目”，获认定企业项目数量居西部城市第一位。推进实施昆明市文化建设和产业发展“510”工程项目建设，建成重点文创产业项目32个，文化创意园区27个。昆明市文创产业增加值从2015年的193.8亿元增长到2019年的约276亿元，年均增长9.2%。2019年，全市规模以上文化及相关产业营业收入为353.3亿元，同比增长12.4%，营业利润为29.1亿元，同比增长16.9%。2019年商务部批准成立昆明市跨境电商试点，2021年跨境电商贸易额为15.2亿，2022年不完全统计已达22.7亿。昆明市本地的优势产品如永生花，在欧美、日韩等国家的市场受到欢迎，阿里巴巴国际站在昆明市设置的跨境电商园区内约有60家企业，基本上都是做永生花和相关产品出口，建立了较为畅通的物流渠道。

（二）主要发展举措

基地近几年逐渐推进数字化转型，主要通过三个方式：

1. 线上线下融合。实现线下门店与线上销售无缝对接，鼓励各类企业销售平台上线产品，促进文化产品出口销售。

2. 产业与市场融合。帮助企业在数字化转型的过程中保留企业自身特色，同时找到与市场的结合点。

3. 文化技术融合。例如杨丽萍文化传播企业与科技公司合作推出了“雀之恋”3D 互动数字艺术品。随着区块链、云计算、人工智能等技术的发展，以数字藏品为代表的数字文化业态也在迅速发展，对于基地以云南文化演艺为基础的文化出口来说，是可以尝试的数字化路径。

在针对其他行业的具体措施方面：

1. 提升便利化水平。利用国际贸易单一窗口（实现企业简化申报等便利）、昆明中小商贸流通企业公共信息平台（为企业提供政策信息、法律咨询等服务）、紫云青鸟（线下园区聚集效应）三位一体模式，实现对企业的高效服务。

2. 加强知识产权保护。成立西南首个原创认证保护中心——昆明原创认证保护中心，以文创作品为重点，提供快速便捷的原创认证登记服务。建立知识产权案件特邀调解员、特邀调解组织，积极探索形成知识产权纠纷多元化解决机制。健全社会信用体系，昆明市公共信用信息平台、网站、公众号及手机 APP 投入运行，实现全市信用信息的互联互通和共享交换，全年共收集 1.8 亿条信用信息，涉及 873.8 万余企业法人和非企业法人，428 万余人，行政许可信息 8.9 万条，行政处罚信息 3000 余条。

3. 探索推进统计监测。牵头并推进文化创意产业统计数据发布工作，积极与昆明海关、外汇管理局云南分局等部门对接，争取对文化产品及文化出口数据统计工作予以支持。

（三）发展规划

未来基地将会继续围绕昆明区域性国际中心城市建设，将云南省昆明市国家文化出口基地作为昆明市服务贸易创新发展的先行区、示范区，打造面向南亚、东南亚的文化贸易中心。重点巩固并提升文创设计、旅游、节庆会展、工艺美术品制造和演艺等产业。通过挖掘资源，突出特色，充分利用地区传统历史文化和26个民族各具风情的民族文化优势，以及与东南亚、南亚国家“山水相邻、习俗相近、文化相通”的优势，推进文创产品和文化贸易出口。

十、中国（浙江）影视产业国际合作区国家文化出口基地

中国（浙江）影视产业国际合作实验区国家文化出口基地是由国家新闻出版广电总局批复成立的唯一一个以出口为导向的国家级影视产业园区，自2018年6月被国家四部委授牌为国家文化出口基地以来，积极发挥外溢效应、辐射效应，全力推进建设，相继荣获浙江省重点文化产业园区、杭州市文化产业园区、杭州市服务贸易示范园区。

（一）发展现状

由基地带动，2020年义乌华鸿集团在北美设立了首个海外艺术品设计版权中心，推动全球艺术消费品市场的“生活艺术化”，在欧美地区传播了时尚、优雅的“中国风”生活消费理念。杭州中南卡通与英国螺旋桨频道、印尼猫咪频道、美国尼克儿童频道等多个海外播映渠道电视台建立战略合作关系，在拉美、欧洲、东南亚地区落地Zoland新媒体频道，形成了全球范围内“点、线、面”结合的海外销售渠道。此外，乌兹别克斯坦、马来西亚“华语剧场”同时宣布启动，电视连续剧《遥远的距离》《外交风云》分别在乌兹别克斯坦国家电视台、马来西亚好享电视台陆续播出。浙江出版联合集团在俄罗斯、澳大利亚、美国等国建立了10多家线上博库书城连锁店，为中国文化海外影响力的提升做出了突出贡献。

2020 年，中国（浙江）影视产业国际合作区国家文化出口基地向云基地转型。11 月，国内首个影视交易云平台——十诺云平台正式上线，为浙江乃至全国影视出口企业提供全方位线上影视跨境交易服务。网络文学、网络阅读、网络游戏、网络动漫、网络音乐、网络视频到电竞产业，浙江数字文化产业及贸易版图不断延展。咪咕阅读 2019 ～ 2020 年在引领国内数字阅读潮流的同时（在主流阅读 APP 市场中下载排名达到第 2），积极走向海外，与韩国媒体签署中韩网络阅读框架协议。以网易游戏为代表的国家级文化出口重点企业始终走在全国网络游戏行业出口的前列，2019 ～ 2020 年出口额达 8000 万以上。杭州、宁波、横店 3 个地区，浙报传媒、咪咕数媒、大丰实业 3 个国家和省级文化出口重点企业相继获批国家级文化与科技融合示范基地，科技创新对推进浙江文化贸易高质量发展的驱动力逐步显现。

自 2018 年 6 月授牌以来，中国（浙江）影视产业国际合作区积极发挥国家文化出口基地外溢效应、辐射效应，助力杭州市文化贸易高质量发展。截至 2020 年底，已有文化科技类企业 95 家入驻。其中，既有以华策影视为代表的文化出口、涂鸦智能为代表的文化设计及科技出口类领军企业，同时也培育、吸引了一批中小型影视文化和科技类服贸企业，如浙江创艺时空、华影时空、九样传媒等。基地 2020 年全年出口签约总额达 894 万美元，同比增长 42%；收汇额达 662 万美元，同比增长 45%。目前基地已完成 95% 以上产业招商入驻，共有 226 家企业落户园区，形成以文化与科技融合为特色，龙头企业为引领、中小型企业集聚的出口基地。《以家人之名》在海外 20 多家平台播出，覆盖全球 90% 以上地区，被国家新闻出版广电总局评为“2020 年度优秀海外传播作品”。同时，基地积极发挥影视译制平台作用，已完成译制电视剧 666 小时、动画片 83 小时、电影 34 小时、综艺 27 小时、纪录片 18 小时、剧本和杂志 11 万字（涵盖 10 个语种），海外推介成果显著。2020 年基地承办了 2020 年中国电视艺术创新峰会暨中国电视产业推介会，首次实现线上线下办会，线上近亿人次观看量，充分发挥了行业引领作用。

从 2018 年至 2020 年，基地在海外平台收益、订阅人数和点击量逐年增加，平台收益分别为 61 万美元、71.94 万美元、162 万美元，分别增长 47%、18%、125%；订阅人数为 97 万人、112.83 万人、400 万人，分别增长 233%、16.31%、254%；点击量为 66547 万次、83728 万次、177340 万次，分别增长 56%、25%、111%。截至 2021 年 3 月底，海外平台华策频道用户订阅数达 450 多万人、观看次数超 17.7 亿次、观看时长达 322.8 亿小时；已开设的经典剧频道、青春偶像剧频道两个主频道，用户订阅量分别达 170 万人、180 万人，均荣获海外平台金质奖章（用户订阅数 100 万人以上）；阿拉伯语、越南语、泰语、法语四个小语种频道，用户订阅总数达 112 万人，观看次数超 27 亿次，观看时长达 3.25 亿小时。其中阿语频道用户订阅数最多，高达 50.3 万人，观看时长超 280 万小时；越南语频道紧随其后，用户订阅数近 47 万人；泰语频道订阅数突破 10.3 万人。

除上面提及的《以家人之名》外，《下一站是幸福》登陆美国网飞（Netflix）频道播出，迅速被译成英语、泰语、韩语、日语等十几种语言版本。《外交风云》荣获美国（亚洲）影视节金橡树奖“优秀电视剧”等七项大奖。《加油，你是最棒的》荣获 2020 年首尔电视大奖优秀电视剧银鸟奖。《挑战大魔王》荣获亚洲电视大奖（ATA）最佳 2D 动画节目奖项。《宸汐缘》获第 48 届国际艾美奖最佳电视连续剧提名、获第 25 届亚洲电视大奖三项提名。

基地还积极建设中国全产业链影视服务平台。基地内企业全年译制电视剧 666 小时、动画片 83 小时、电影 34 小时、综艺 27 小时、纪录片 18 小时、剧本和杂志 11 万字（涵盖 10 个语种），并将译制作品结集成册，在多个海外节展宣传推介。此外，还举办多种类别的人才培训，为影视产业的高质量发展保驾护航，组织出口联盟企业参加法国、南非、新加坡、突尼斯、香港等国家和地区的国际影视节展，扩大中国影视的影响力，加速文化“走出去”。

基地投资建设的十诺影视海外交易云平台 1.0 版已测试运营，该平台具备影视剧线上存储、分发、传输、买卖、版权保护以及宣发等六大功能，让影视剧的买方和卖方通过互联网对接，第一次实现了中文影视剧与国际买家的全线上交易。在受疫情影响，影视国际交易进入新局面的情况下，为浙江以及中国影视内容“走出去”提供了一条高效之路，推动全球影视交流交易。

（二）发展规划

中国（浙江）影视产业国际合作区国家文化出口基地未来将积极布局海外数字化新媒体发行渠道。持续发力，突破影视拍摄场景瓶颈、融资平台建设瓶颈、影视行业管理瓶颈、影视人才建设瓶颈、影视产业结构瓶颈、资源要素制约瓶颈，避免出现落户不落地、开花不结果、开票不开拍、见头不见尾的情况，使相关产业的集聚更具有可持续性。

十一、天津市中新天津生态城国家文化出口基地

中新天津生态城是中国和新加坡两国政府的重大合作项目，是世界上第一个国家间合作开发的生态城市。生态城以习近平新时代中国特色社会主义思想为指引，认真贯彻落实习近平总书记到生态城视察时的重要指示要求，实施“生态 + 智慧”双轮驱动发展战略，着力打造生态城市升级版和智慧城市创新版，大力发展集聚经济、开放经济、智能经济，加快建成国际合作示

范区、国家绿色发展示范区、产城融合示范区、智慧城市示范区，为建设“五个现代化天津”和滨海新区创建“繁荣宜居智慧的现代化海滨城市”做出贡献。

2021 年 8 月，生态城正式获批国家第二批国家文化出口基地。目前，天津市中新天津生态城国家文化出口基地形成以影视传媒产业集群、互联网营销产业集群、数字图书产业集群、网红电竞产业集群为首的四大优势集群。

（一）发展现状

为支持主导产业的发展，目前生态城主要有以下几项重点工作。作为人才培养体系基地，生态城与天津大学、南开大学、天津职业大学等高校展开紧密合作，共建产业学院，实施分段式人才培养。此外，2022 年生态城开展了中新两国的人才培训交流，与新加坡南洋理工大学、淡马锡理工学院共建人才培训与交流机制。作为全国领先的公共技术服务平台，生态城在文化和旅游部的支持下累计为超过 1000 部影片提供技术支持服务。作为全国首个非遗创新平台，生态城实现“产学研一体”，降低企业的运营成本，增强企业自身的造血功能，有力推动非遗产业化市场化、国际化，目前已经签约两百余位非遗艺人。作为国家级数字内容服务贸易平台，生态城能够为企业在线提供发包、接包、交易、结算、结汇等一站式文化贸易服务，已吸引了 100 余家国内外企业入驻，并与中国、加拿大等 30 多个国家的知名院校达成合作。

截至 2021 年底，天津市中新天津生态城国家文化出口基地数字文化企业数量突破 2500 家，其中，规模以上企业 36 家，2021 年营收总额达 315.1 亿元，占产业营收总额的 21.1%；创造税收 12.7 亿元，占产业总税收的 11.9%。文化贸易企业 60 家，其中，龙头企业 35 家，2021 年出口额 2700

万美元，较上年度增长35%，绝对值占全市文化出口额的48.5%。

（二）主要发展举措

天津市中新天津生态城国家文化出口基地建设秉持绿色发展理念，在加强顶层推动、唱响基地名片、培育高质量主体、提升公共服务水平、注重发展模式创新等方面进行了积极探索，取得了初步成效。

1. 加强顶层推动。为推动基地创新发展，天津市建立了由商务、宣传、文旅、财政、海关等多个部门联合参与的基地创新工作促进机制，以服务基地和企业创新需求为导向，明确了工作制度、工作任务和工作职责。同时，按照商务部、中宣部等国家部委要求，指导基地起草了《中新天津生态城国家文化出口基地建设方案》，确立了基地建设的基本思路和指导原则，围绕工作机制、贸易创新、产权保护等八个方面提出了基地建设的重点任务和创新路径。中新天津生态城“十四五规划”也明确提出，坚持“生态+智慧”双轮驱动基本战略，开拓减碳路径，借助中新双方合作机制，加强国际合作，发挥文化等主导产业优势，推动文化企业发力国际赛道。

2. 唱响基地名片。借助2021年服贸会平台，市商务局指导生态城管委会以“讲好中国故事、数字引领文化出海”为主题，举办2021天津文化贸易创新发展论坛暨中新天津生态城国家文化出口基地推介会，线上下同步进行，作为2021年服贸会天津团组主题日活动，唱响基地新名片。特邀商务部和天津市政府领导、中国国际贸易学会和中国社科院相关专家及文化贸易知名企业，展开“数字文化贸易的机遇与挑战”圆桌对话，生态城面向国内外文化领域进行推介。会上，签署了政府部门间、基地与企业间及企业间多方合作协议。天津市以协议为蓝本，以中新合作为引领，瞄准东盟地区、

RCEP 成员国和“一带一路”沿线国家地区的数字文化领域开展合作，共同讲好中国故事，联手打造中国文化出口品牌，深化与新加坡淡马锡理工学院的合作。为应对疫情影响，双方建立了线上合作交流机制，初步形成了留学生 VR 线上游览、中新电竞比赛等交流方案，进一步促进两国在动画技术研发创新、电影制作技术流程创新、教学培训等方面的合作，推动基地国际文化合作交流。

3. 培育高质量主体。基地突出生态、绿色的本色和底色，着力推动数字赋能文化出口的龙头企业和项目培育，助力优质文化贸易企业发展提质增效，提升品牌影响力。在天津市入选 2021 ～ 2022 年度国家文化出口重点企业和重点项目名单中，基地占据较大份额，以影视“出海”为代表的世纪优优（天津）文化传播股份有限公司、以动漫“出海”为代表的天津游奕互动软件有限公司、以影视品牌“出海”为代表的天津深蓝影视传媒有限公司等 6 家企业获评国家文化出口重点企业，占全市获评企业总数的 60%；“中国影视译制运营服务平台”等 3 个项目获评国家文化出口重点项目，占全市总数的 75%。基地将《庆余年》等一批高附加值的国产优质影视作品和《豆小鸭》等一批国产优秀动漫作品以数字传播方式奉献给海外观众，点击率屡创新高，推动了中华传统文化与世界文化的互鉴交流。

4. 提升公共服务水平。2022 年 6 月，生态城国家动漫园等区域纳入天津自贸区联动创新区，加快打造面向东盟地区的自贸服务平台，在中国—新加坡海关 AEO 互认框架下，基地推动文化产品和艺术品等通关便利化。同时，基地抓住跨境电商发展机遇，与阿里集团合作打造“政府 + 头部企业”产教结合、本地团队实体经营的跨境电商基地新模式，进一步推动文化领域跨境电商创新发展。服务企业方面，基地打造智慧服务平台，以入驻国家动漫园的华谊兄弟等800多家文化企业为核心，覆盖基地2000多家文化企业，以“四环联动工作机制”和“专家＋管家”模块化服务模式，针对文化企业在人才、成本、政策、金融、海外渠道等方面难点、痛点问题，组织“一对一”服务和企业家主题沙龙等活动，精准匹配资源要素，分类施策。同时，加强基地短板领域的企业和项目引进。

5. 注重发展模式创新。基地创新打造多维度公共服务体系，一是强化公共技术服务平台的支撑作用，为文化企业提供动作捕捉、渲染制作、音频服务等公共智能服务；二是发挥国家动漫园产业学院产教融合优势，搭建文化“出海”人才培养体系，加强文化“出海”人才供给；三是发挥非遗创新平台辐射效应，拓展与国外文化专业机构合作渠道，与日本安达版画研究所合作，将中国木版水印传统技法与日本浮世绘艺术结合，对日本浮世绘作品复制传承，从艺术、技法及完整度方面均超日本原有水平。借助综合服务，基地创新开展“造船”+“借船”+“组船”等多种模式的“千帆出海”行动，推动中国文化“走出去”。数字化公共技术服务平台是企业制作高质量文化作品的基础，是基地为文化企业打造的“出海之船”。“借船出海”是基地巧借业内商机推动文化“出海”的新途径。中恒星云影业开展全球版权引进业务，拥有丰富的海外传播资源。基地发现了商机与合作点，指导该企业与出品方建立全方位合作，投入人才和资金，植入中华文化元素打造新作品，用双方的海外渠道讲好中国故事，传播中国文化，共同拓展海外市场。“组船出海”是基地综合服务的有效体现，以加强品牌推广、人才支撑和京津冀协同发展机制，推动A4漫业等实力雄厚的北京动漫企业与海外企业或机构联合制作、运营，将《生死诀》等作品在日、韩等地一流漫画平台上线，助力企业海外收入逐年增长；推动世纪优优等专攻影视剧出口的文化龙头企业与泰国、日本以及美欧多国专业运营方合作，将多部优秀国产影视剧远播海外，将诸多企业小船组成船队，抱团“出海”。

（三）发展规划

受全球疫情和国际形势影响，近期基地在国际交流与文化出口、招商引资方面受到很大限制。影视、动漫、游戏等作品“出海”周期拉长，账期延长，制作成本升高，在很大程度上制约了基地文化企业发展和文化出口。未来，基地将从五大方面加强统筹，助力基地内文化企业高质量发展。

1. 强化区域协同发展。基地将整合京津冀产业资源和文化贸易人才资源，联合京津冀文化产业协同发展中心、中新天津生态城文化创意产业协会，建立京津冀文化出海企业（人才）联盟，在京津冀服务贸易和服务外包协同发展机制框架下，借助服贸会、中国国际数字和软件服务交易会、中国国际服装服饰博览会等展会资源和“京津冀服务贸易和服务外包协同发展论坛”轮办机制，围绕建立人才数据库、文化出口企业库以及海外新媒体平台对接、运营等方面，凝聚京津冀城市群文化“出海”合力，促进三地文化企业合作对接、抱团“出海”。

2. 强化政策引领撬动。围绕促进发展对外文化贸易和高标准建设国家文化出口基地的各项部署要求，落实建设方案，出台阶段计划，制定政策举措。借助中央外经贸发展专项资金、中央文化产业发展专项资金和地方财政资金，对基地在培育主体、强化招商、产业研究和文化统计等方面给予支持，对文化出口企业在场地、本地化、市场拓展、境外参展、国际资质认证和人才培养等方面着重发力。推动基地文化产业和要素资源加速集聚，扩大文化出口。同时，借助国家服务贸易创新发展引导基金、天津海河基金及针对服务贸易业务的信用保险产品，为基地文化贸易企业完善金融和保险服务支持。

3. 强化专业人才支撑体系。围绕文化贸易专业人才供给，基地将通过实习实训基地建设，有针对性地培养对外文化贸易产业链各环节专业人才，带动文化出口各环节就业，降低企业人力资源成本。持续推进天津职业大学国家动漫园动漫产业学院建设工作，根据企业用人需求修订人才培养方案，加速毕业生向文化专业人才转换。继续完善国家动漫园新媒体人才教育培训基地教学设施，更新课程大纲，开展商业化培训，针对文化出口基地相关业务板块进行人才培养分类储备，全年力争培训文化贸易专业人才突破2000人。

4. 加强公共服务平台建设。天津市将重点围绕树品牌、立形象、强实力等方面，进一步强化公共服务对基地的助推和引导作用，充分发挥服贸会、数交会、中国国际进口博览会等国家级展会平台作用，对基地及企业进行集中展示；发挥国家文化出口重点企业和项目品牌效应，为基地文化企业与国内外市场资源搭建对接平台；借助既有文化“出海”市场渠道，搭建以企业为主导、政府支持和参与的，促进基地发展和文化“出海”的文化贸易综合服务平台。

5. 强化数字赋能文化“出海”。2022年，天津市将重点推进基地与微软“小冰”深度合作，开发人工智能译配和虚拟孪生人模块，实现中文与多国语言实时翻译转化技术，降低人工成本、解决出口技术痛点，推动文化出口走上快车道。虚拟孪生人模块基于深度神经网络渲染技术及小样本学习技术，通过采集人体数据，在语音专家模型、嘴型专家模型及人脸渲染专家模型的训练下，实现24小时人工驱动主播互动。在境外平台讲述中国故事，传播中国声音，两个首期模块计划首次亮相2022世界智能大会。基地还将借助“小冰”在人工智能视频剪辑、人工智能剧本以及人工智能绘画与图案设计等方面的技术优势，利用其数据分析能力，为文化“出海”企业提供高效的技术支持、海外本地化的决策依据，助力企业“出海”。

十二、西安高新技术开发区国家文化出口基地

西安高新区是1991年3月国务院首批批准成立的国家级高新区之一，2006年被科技部确定为要建成世界一流科技园区的六个试点园区之一，2015年8月，国务院正式批复同意西安高新区建设国家自主创新示范区。2017年4月，陕西自贸区正式挂牌，高新区作为陕西自贸区面积最大、以特殊监管区区外保税等通关模式创新为特色的核心片区正式启动建设。2020年6月，科技部批复同意全国首个“硬科技创新示范区”在西安高新区启动建设。西安高新技术开发区国家文化出口基地以西安高新区全域规划为载体，按照园区化承载、龙头企业拉动、平台运作支撑、创新服务保障的工作思路，近年来基地文化产业呈现出规模快速增长、特色不断凸显、产业链日趋完善的发展态势。

（一）发展现状

西安高新区是1991年3月国务院首批批准成立的国家级高新区之一，面积1079平方千米，辖区人口超过110万。在全国高新区综合排名中，西安高新区名列前茅。2021年实现生产总值2681亿元，增量271亿元。累计注册企业超过18万家，设立境外离岸创新研发机构18个。2021年实现进出口总额3100亿元，连续五年保持10%以上的增长。2021年完成服务贸易总额7.3796亿美元，较2020年增长37%。

西安高新技术开发区国家文化出口基地重点发展数字出版、动漫游戏、

创意设计、互联网服务等高附加值文化产业，营收连年保持高速增长。聚集了三人行传媒、易点天下、荣信文化等4000多家文化企业，其中易点天下、荣信文化多次获得国家文化出口重点企业荣誉称号。出台《西安高新区打造现代产业体系促进高质量发展若干政策》，建立文化出口贸易服务平台，为企业提供高质量服务，打造西部文化对外贸易高地。

近两年，西安高新区文化产业发展工作稳步推进、成效明显，产业规模持续增长，2020年规模以上文化企业数量达到88家，实现营收158.98亿元；2021年规模以上文化企业数量突破100家，实现营收175.34亿元，同比增速9.6%。据估算，2021年重点文化企业出口贸易总额逾1.2亿美元，与上一年度持平。

（二）主要发展举措

1. 成立文化工作领导小组，形成管理体制合力。为进一步统筹安排西安高新区议事协调机构工作力量，推进基地建设，西安高新区成立了以党工委书记为组长，管委会主任为副组长，各镇（街）和相关部门共同组成的文化工作领导小组，统筹领导文化产业发展工作，为基地建设提供有力的组织保障。编制《西安高新区文化产业发展规划》和《西安高新区加强文化建设促进文化旅游产业融合发展三年行动方案》，明确区域文化产业的特质属性与发展路径，加强对本地特色传统文化的挖掘与创新，推动“文化+”融合发展。

2. 多措并举推动产业发展，强化基地促进机制。发挥与陕西自贸试验区重叠的优势，联合市商务局、陕西自贸试验区西安管委会、关中海关等相关部门举办重点企业座谈会，为企业答疑解惑，支持企业扩大出口业务。加强人才队伍建设，与陕西省社会科学院合作编制《西安高新区“十四五”文化建设规划》，建立评审专家库，开展文化产业项目评审。组织西安高新区文化创意产业协会、区内各文化产业园区广泛开展业务交流、招商推介、人员招聘等活动，近两年举办知识产权、政策解读等各类培训活动 21 场次，覆盖人数 800 余人。

3. 落实各级政府奖补政策，修订完善政策体系。为推进文化产业高质量发展，于 2018 年制定了《西安高新区关于促进文化产业发展的专项政策（试行）》，2020 年对政策进行修订，2021 年正式对外发布。政策支持文化企业"小升规"，推动建设文化产业园区及双创平台，促进文化跨境贸易，大力扶持文化产业发展。支持企业走向资本市场，对主板上市企业，给予最高 1000 万元的政策奖励。

4. 鼓励企业自主探索，创新贸易合作方式。加强国际文化交流，每年列支 1200 万元专项支持文化企业"走出去"，对企业在境外设立分支机构、参加国际动漫展、影视展、新闻出版展、广告节以及承办大型国际多元文化交流活动给予补贴。为区内拥有文创产品和服务的企业和渠道、平台企业搭建合作桥梁，形成营销推广合力，帮助更多企业实现文化产品和服务"出海"。

5. 建立企业名录库，搭建出口企业统计体系。建立文化出口重点企业名录和重点项目库，开展"千人帮千企"活动，设立专人为企业"一对一"服务，畅通企业联系渠道，及时协调解决企业发展中遇到的问题和困难。联合统计部门、税务局、市场监督管理局等相关部门，定期梳理在库企业和重点培育企业，做好企业入库服务，2020 年度净增入库企业 7 家，2021 年净增 13 家。

6. 加强部门间协作，构筑知识产权保护堡垒。成立知识产权管理科，形成多部门联动服务产业发展的工作格局，建立联席会议机制。完善知识产权制度，提升知识产权管理、创造、运用、保护和服务能力，积极探索与实践具有西安高新区特色的地方知识产权工作路径，在知识产权保护、专利技术成果转移转化、科技金融创新、军民融合发展、人才培育聚集等方面先行先试、探索经验，走出了一条内陆高新区依托自主创新实现跨越发展的成功之路。西安高新区先后被国家知识产权局评为“国家知识产权示范园区”和“国家知识产权服务业集聚发展试验区”。截至2021年底文化企业自主知识产权拥有量5392件。

7. 完善事中事后监管举措，规范企业经营行为。基地成立以来，西安高新区以协会为抓手，多次组织文化贸易企业交流与培训。联合行政审批局，优化行政审批事项，以企业年报制度、大型活动备案、亲商助企专员走访调研为手段，不断完善事中事后监管举措，规范基地企业经营行为。设专人专组进行出版物市场日常监管和专项整治，深入开展“扫黄打非”工作，积极打击侵权盗版，日常组织专项巡查，加强社会宣传，提升企业意识。

（三）发展规划

当前基地仍然存在发展上的不足，一是企业原创能力有待提高，文化创意原创精品比较缺乏；二是产业集聚效应不明显，企业的数量少、关联度低；三是人才集聚程度较低，不仅在人才总量储备上较少，而且在人才结构上也不合理，复合型高端创意人才尤其缺乏；四是知识产权保护任务重，目前针对文化产业知识产权保护的法规体系尚未健全，知识产权保护力度有待加强；五是公共服务建设滞后，无法满足中小文化创意企业日益增长的对公共技术、人才培训、信息咨询和成果推广等方面的服务需求；六是产业国际化程度较低。

未来，西安高新技术开发区国家文化出口基地将紧扣商务部、中宣部等部门联合印发的《关于支持国家文化出口基地高质量发展若干措施的通知》，进一步完善运营体制机制，不断优化服务功能，强化部门间分工协作，为文化企业出口提供更加全面、有效的服务。

基地正努力实现国家文化出口基地建设目标任务，规模以上文化企业数量与营收稳步增长，2022 年实现规模以上文化企业营收 189 亿元，增速 8%。文化企业出口额达到 1.29 亿美元，增速 8%。总结可复制的创新实践案例，形成系统性集成性的制度创新成果。基地致力于培育文化出口项目，引导企业积极申报国家文化出口重点企业和项目，持续壮大文化产品和服务出口规模，推动文化产业高质量发展，壮大文化市场主体，大力引进龙头企业，发挥引领作用，延伸文化产业链，强化聚集效应，形成产业高地。

在未来的发展中，西安高新技术开发区国家文化出口基地将侧重以下几个方面的工作。

一是运营文化出口贸易服务平台。持续完善平台服务功能，运营平台微信公众号，发布文化出口服务相关信息。举办文化贸易领域交流培训活动，吸引、培育、孵化文化出口项目，帮助更多企业及产品实现出口。

二是持续为企业做好保障服务。设立“亲商助企”专员，为企业一对一服务，全方位助力企业持续健康、快速、稳定发展。为企业做好政策兑现服务，随时关注重点企业发展，采取有力措施确保产业链正常运转。

三是加大文化产业招商力度。组织园区、基地、协会广泛开展招商活动，鼓励企业参加各类文化产业合作峰会、论坛等活动，推介重点文化项目，吸引优质文化企业落户基地。实现引进企业，联动一串，带动一片的良好效应。

四是促进文化产业集聚化发展。组织文化产业政策申报，推进项目落地，支持和引导区内龙头企业建设特色园区，力争新培育一批规模以上企业，壮大一批龙头企业，形成基地文化产业立体化生态格局。

十三、中国（福建）自贸试验区厦门片区国家文化出口基地

中国（福建）自由贸易试验区厦门片区于2018年获批国家文化出口基地，总面积43.78平方千米，范围涵盖东南国际航运中心海沧港区域和两岸贸易中心核心区，并根据先行先试推进情况以及产业发展和辐射带动需要，拓展试点政策范围，形成与两岸新兴产业和现代服务业合作示范区、东南国际航运中心、两岸贸易中心和两岸区域性金融服务中心建设的联动机制。

（一）发展现状

厦门市积极推动中国（福建）自贸试验区厦门片区国家文化出口基地建设，带动全市文化产业的发展。2021年厦门市实现文化产品和服务进出口额111.12亿元，占GDP比重达1.6%。其中文化服务进出口额为16.81亿元，同比增长44%，文化服务出口额为11.78亿元，同比增长69.5%；文化产品进出口额为94.31亿元。截至2021年底，基地累计注册文化企业2273家，注册资本总额194亿元。自2010年基地挂牌以来，新增注册文化企业1398家，注册资本总额11.3亿元；累计实现文化产品和服务进出口总额385亿元。

（二）主要举措

厦门自贸片区围绕艺术品、创意设计、影视演艺、数字新媒体、游戏动漫五大方向重点发展各类产业，对于较好的项目制定项目白名单，给予一些单独政策，助其申请特殊补助；并通过对优质项目的多次调研和实地考察，

深挖其他相关项目，针对多个项目形成打包性服务。

厦门自贸片区结合厦门市文化产业千亿产业链，从造链到强链再到补链，将基地文化产业与会展、影视业、动漫等数字内容、出版发行结合，全力推动厦门市文化企业产品和服务输出海外。目前已塑造了东南亚中国图书巡回展、海峡两岸图书交易会、厦门国际动漫节等特色展会品牌，跨界融合，相辅相成，相互促进。通过组织企业赴境内外知名展会参展，建立文化企业产品和服务出口与对外交流渠道。

1. 创新文化保税监管服务制度。一方面联合海关、文物管理等部门，创新优化艺术品通关模式，挖掘保税政策优势，对综合保税区内的艺术品归类、审价、通关、查验等通关监管流程全方位优化，支持符合条件的文化艺术品经营企业自主选择“提前报关”“两步申报”等模式办理文化艺术品进境申报手续，到岸文化艺术品优先办理检疫手续，实现飞机落地“秒放”。另一方面是创新艺术品交易模式，对境外打通亚马逊、速卖通等跨境电商平台，出口油画等文化产品，借助厦门自贸片区跨境电商平台优势，输往欧美、中东等地，2020 年实现油画电商销售额 5 亿元以上；推动博乐德、艺术厦门等企业，上线艺术品线上拍卖小程序，举办线上拍卖活动 51 场次，累计成交金额约 3000 万元。

2. 开辟“平台 + 互联网”新渠道。2020 年，新冠疫情突袭造成大面积线下、实体业务受阻。基地鼓励和指导区内企业推进“平台 + 互联网”深度融合，通过拓展线上交易模式打通业务流增长现金流，有效应对疫情带来的不利影响。博乐德艺术品拍卖平台首次上线拍卖小程序，形成线下实体平台和线上小程序互动、网络直播协同发展的新拍卖模式。丹溪映画上线在线艺术教育互联网平台“造物方舟”和知识产权在线交易与服务平台“造物兔”，实现在线课程培训、直播、品牌交易、在线存证、电子版权登记等功能。投入“电商直播”浪潮，出台《关于支持电商直播产业发展的若干办法》，引进全国电商直播行业领军的云创直播小镇，在厦门自贸片区内打造官方授权的淘宝直播基地。

3. 深化对台文化交流合作。一是2020年第十六届海峡两岸图书交易会同步设立台湾分会场，通过线上与线下进行多方联动。二是对台图书市场需求量大。2020年外图集团对台图书出口和进口业务分别占据60%和70%以上市场份额，进出口额共计1.69亿元，合计118万册图书，助力厦门市成为海峡两岸图书物流中心、进口图书审读中心、版权交易中心，夯实厦门市作为两岸实体图书交易和图书版权贸易的重要枢纽。三是文化保税拍卖吸引一批海峡两岸知名收藏机构签约入驻基地，一批珍贵文物以专业物流、文化保税形式入境展示、拍卖、交易。

4. 数字赋能文化产业高质量发展。一是2019～2020国家文化出口重点企业和项目公示名单中，外图集团、点触科技、勇仕网络、极致互动等13家游戏、动漫企业入选，较上届增加6家；新增海峡两岸图书交易会、《叫我万岁爷》游戏全球推广等2个项目入选国家文化出口重点项目。二是第十三届厦门国际动漫节通过线上和线下方式在厦门市举办，为厦门市动漫游戏产业发展集结原创力量，国际动画协会中国代表处项目、融创未来文化娱乐（北京）有限公司东南区网剧创作运营中心等落地厦门。

5. 创新文化金融服务，助力“文化＋金融”有效融合。基地不断健全文化产业金融服务体系，2020年基地引进由中宣部和财政部共同发起设立的中国文化产业投资基金二期，规模500亿元，首期已募集资金317.1亿元，该国家级文化产业母基金发挥政府引导效应，吸引各方文投资本投入，通过市场化运作、专业化管理带动厦门市文化产业集聚。目前已参与投资设立辰美、南山等多支私募基金，规模超过 15 亿元。区产业引导基金出资 1 亿元参投蓝图天兴、利保华昇等多只子基金。中影华夏融资租赁公司增值 2 亿元，并已累计为全国近 50 家影院，提供近 1 亿元高端影视放映设备租赁服务。博乐德平台联合苏宁金融、南京十竹斋等为艺术品藏家提供金融服务近 11.7 亿元。

6. 搭建企业“走出去”平台，助力优质内容“出海”。一是推动图书、版权“走出去”。厦门自贸片区联合中国书刊发行业协会等单位在泰国、菲律宾、缅甸等东南亚六国先后连续举办四届东南亚中国图书巡回展，采用“云上展＋线下展”融合办展形式，创设巡回展图书展售与版权交流海外基地，搭建“一地导播＋海外落地＋多方连线”版权洽谈平台，突破疫情桎梏和时空限制推动图书版权“走出去”。二是推动数字领域文化“走出去”。联动发挥厦门市在软件、动漫、数字游戏领域优势，举办第十三届厦门国际动漫节。推动中国历史题材游戏输出海外，翻译成多国语言，出口土耳其、俄罗斯等金砖国家和“一带一路”沿线国家。三是推动影视文化“走出去”。随着中国电影金鸡奖长期落户厦门以及“以节促产”战略、影视产业专项政策的实施，吸引了一大批影视企业、项目落地厦门。依托相关优势，基地积极发挥文化传播作用，输出中国传统文化、现代文化，引发国际人士文化共鸣。

（三）发展规划

坚持以习近平新时代中国特色社会主义思想为指导，落实贯彻习近平总书记关于加强国际传播能力建设的重要指示精神，始终保持高度的责任感和使命感，进一步发挥基地在对台文化交流交融、对外文化贸易创新发展、推动文化企业数字化转型等方面的重要作用，在探索海峡两岸融合发展新路上做出贡献。锚定更高目标，坚决履行重点任务，着力优化基地营商环境，培育特色优势产业和品牌，促进数字化转型和文化保税业态创新发展，提升文化产品跨境贸易便利化水平，共同推动文化贸易高质量发展，形成文化业态新格局。

1. 加大文化服务出口重点产业支持力度。文化服务出口是未来文化出口的关键点，加大对动漫游戏、网络视听、数字出版等发展快、前景好的文化服务出口重点产业的支持，安排好文化产业发展专项资金，保障文化服务出口重点领域优先发展。对已出台的相关支持政策执行效果进行评估，总结实施过程中好的经验和做法，进一步完善相关措施实施细节。

2. 支持新型文化服务产业科技创新。以科技创新带动新型文化服务贸易业态发展。以专项经费的方式支持新型文化服务贸易业态核心关键技术攻关，支持厦门外图集团关于“国际图书版权超市”的核心技术研发和应用，支持文化创新主体建设新型研发机构和众创空间等科技创新平台，支持新型文化服务出口企业加强科技创新，申报国家和省级高新技术企业、省级科技“小巨人”领军企业，参与国家、国际标准研制。

3. 完善文化出口统计监测机制。研究探索不断涌现的新型文化业态服务出口的统计方法，完善相关统计监测，有效反映相关产业发展水平，更加全面反映厦门市文化出口的情况。厦门市 2020 ～ 2021 年两年累计实现交易额 17.98 亿元，两年平均增长 50.5%，作品输出俄罗斯、菲律宾、泰国等金砖国家和“一带一路”沿线国家，并进入美国、日本、韩国等游戏动漫传统大国。探索建立新型文化业态服务出口领域运用大数据等新技术开展形势分析和政策辅助决策的机制。

十四、北京市东城区国家文化出口基地

东城区作为首都功能核心区，是全国文化中心核心承载区，是中国文化对外交流展示的重要窗口。全区总面积 41.84 平方千米，是北京文物古迹最为集中的区域。拥有故宫、天坛、大运河（玉河故道）等 3 处世界文化遗产，7.8 千米长的旧城中轴线文脉纵贯南北，还有 18.5 片历史精华区、225 项非物质文化遗产名录项目和 413 处挂牌保护院落。辖区内拥有国家级文物保护单位 16 处，占北京市的 37%；市级文物保护单位 60 处，占全市的 24%；区级文物保护单位 57 处。丰富的历史文化遗产和文化产业积累，为构建中国文化对外交流的重要窗口、建设文化出口贸易基地提供了坚实的基础。

（一）发展现状

近年来，东城区坚持“崇文争先”理念，以文化引领城市发展，积极构建高精尖产业结构，发挥集聚、引领和辐射作用，培育了一批具有较强国际竞争力的文化企业，涌现了锋尚文化、光线传媒、中文在线等高速成长的文化企业，保利拍卖、嘉德拍卖已在艺术品交易领域形成“北京价格”，文化产业领先优势明显，文化领军企业发展强劲，文化生产交流贸易活跃，带动文化贸易高质量发展，为提升中华文化软实力提供支撑。2021 年，东城区规模以上文化产业法人单位 520 家，全年实现收入 1436.3 亿元，同比增长 11.9%；全区文化产业增加值力争实现 350 亿元，年均增速达到 7%，占 GDP 比重达到 10% 左右；国家文化出口重点企业 12 家，文化进出口额突破 5.19 亿美元。驻区企业中国出版集团有限公司、保利文化集团股份有限公司、北京光线传媒股份有限公司、中国对外文化集团有限公司、北京演艺集团有限责任公司等荣获 2021 年全国文化企业 30 强及提名，驻区企业总数居全国首位。16家文化产业园区入选“北京市级文化产业园区”，总数位居全市第二。文化、旅游、媒体、教育、科技、卫生、体育等多领域深化交流合作，对外展示全国文化中心建设成果，文化产品和服务贸易规模不断扩大，已成为中国文化“走出去”的重要渠道和展示中国文化软实力的重要窗口。

（二）主要举措

文化企业在发展过程中，常常会遇到一些问题。一是缺少文化贸易资源对接平台，或企业间资源共享、合作交流的机制不畅。二是企业对于国家外汇管制政策存在不了解不熟悉的情况。这些问题导致文化企业在贸易活动中会遇到一些阻碍，影响企业发展。面对这些情况，东城区推动文化经济提质增效，做优做强影视传媒、创意设计、动漫游戏、数字资讯、文化旅游、演艺娱乐等，文化产业蓬勃发展，支柱地位巩固提升，辐射能力显著增强，文化融合发展取得重大进展，初步探索出以文化引领城市发展的“东城方案”。

1. 强化顶层制度设计，明确工作引领。一是构建部市区联动工作机制。二是科学编制工作实施方案。三是完善文化金融扶持体系。

2. 积极推动创新项目落地，打造国家文化出口新高地。一是积极鼓励传统商业街区引入外向型市场主体。二是积极推进隆福寺地区打造高质量的艺术品服务平台。三是优化区内影视类文化企业制作的影视作品审查流程。四是优先支持区内符合条件的文化企业申报信息网络传播视听节目许可证和游戏版号。

3. 用好中国服贸会高位平台，搭建文化企业合作桥梁。一是组织驻区文化企业亮相中国服贸会主展场。二是承办服贸会文化金融板块论坛活动。三是举办服贸会东城区分会场系列活动。

（三）发展规划

“十四五”是全面建设社会主义现代化国家开局起步的关键时期，东城区坚持以人民为中心，牢牢把握首都城市战略定位，立足首都功能核心区、全国文化中心核心承载区定位，推动文化传播、文化交流、文化贸易，促进文化产业繁荣兴旺。未来，东城区将加速“崇文争先”，做实文化文明“敬”字、产业发展“劲”字文章，落实《东城区国家文化出口基地建设实施方案》，建立健全对外文化贸易工作联系机制，抓好资源整合，协调好产业政策、投资环境、贸易便利、企业服务等重大事项，围绕东城区推进国家文化出口基地建设的四大发展目标、七大重点领域和八大专项行动，在优体制、优政策、优渠道、优服务等方面持续发力，确保各项政策真正落地落实。

一是聚焦四大发展目标。持续提升文化贸易规模结构，全区出版、影视、演艺等重点领域的文化服务及产品出口占比进一步提高，高成长性文化企业逐渐集聚，文化产业发展动能更加强劲。全区文化产业增加值力争实现 350 亿元，年均增速达到 7%，占 GDP 比重达到 10% 左右。文化基地示范引领作用不断彰显。推进改革管理体制、健全促进机制、创新发展模式等持续创新，形成一批可复制可推广的经验做法。文化品牌国际影响力显著增强。构建“品牌行业 + 品牌区域 + 品牌企业 + 品牌项目 + 品牌活动”的国际品牌矩阵。

二是关注七大重点领域。构建艺术品交易全链条，打造制度健全、功能完备、交易活跃的艺术品交易中心。推进戏剧演艺与国际深度接轨，推动更多优秀演艺产品、艺人、版权和项目“走出去”。提升影视国际化数字化水平，建设影视资源云集、精品荟萃、技术领先的国际影视高地。拓展国际化全媒体出版产业，构建“大出版”发展格局，打造高效协同、内外联动的国际出版高地。健全国际网络游戏孵育体系，鼓励和支持精品化产品海外发行，弘扬中华优秀文化。优化国际文化旅游消费供给，建设“国家文化和旅游消费试点城市”，打造全球知名的文旅品牌。深化对外文化交流与合作，打造对外文化交流中心，弘扬文化自信、彰显首都形象的城市标识。

三是开展八大专项行动。包括：制度型开放深化、文化产业升级引领、市场主体培育壮大、国际营销渠道拓展、专业服务平台护航、文化金融服务支撑、文化影响力提升、空间网络体系聚能等，通过争取税收与通关便利化试点支持、吸引文化贸易企业集聚、支持文化企业赴境外开展投资合作、拓宽文化贸易企业融资渠道、参与国际化高能级会展活动、推动故宫＋王府井＋隆福寺“文化金三角”成为国际顶级文化矩阵等方面具体举措，推进建设计划落地见效。

十五、北京市朝阳区国家文化出口基地

2021年8月26日，朝阳区正式被认定为第二批国家文化出口基地。此后，在商务部、中宣部等部委的大力支持下，在北京市委宣传部、北京市商务局的正确领导下，作为全国首个、也是唯一一个国家级文化产业创新实验区，朝阳区文化产业快速发展，文化贸易实力显著增强。。

（一）发展现状

2020年，全区文化产业实现增加值595.3亿元，占GDP比重8.5%。截至2021年底，朝阳区登记注册文化企业达9万余家，规模以上文化企业2382家，约占全市43%，数量居全市首位。2021年，全区规模以上文化产业单位实现收入2873.3亿元，同比增长11.4%，占全市的16.4%。其中，文化核心领域实现收入2245.5亿元，占全区总收入的78.2%，产业结构持续优化，对区域经济发展的支撑作用不断增强。

朝阳区通过大力培育重点企业、打造区域性外贸综合服务平台、搭建经贸交流平台等举措，进一步扩大开放水平，外贸指标保持全市领先，实现对外贸易稳定增长。2021 年，朝阳区共有 806 家企业在商务部业务系统统一直报平台上填报数据，累计直报金额 102.68 亿美元；其中出口直报金额 68.92 亿美元占直报总额的 63.08%；进口直报金额 37.91 亿美元占总额的 36.92%，服务贸易顺差 33.05 亿美元。作为服务贸易的重要组成部分，全区文化贸易进出口成效显著。2021 年，朝阳区 138 家重点文化企业进出口总额达 17.17 亿美元。全区拥有蓝色光标、阿里文娱、万达电影、掌阅科技、掌上明珠、人民天舟、华韵尚德、蓝海电视、汉雅星空、西京文化、狮凰文化等一批文化“走出去”示范企业，以及英国普罗派乐卫视运营项目、掌阅 iReader 海外项目、虚拟映画 3D 影视后期（好莱坞项目）等一批重点项目，过去五年间，24 家企业和 18 个项目被认定为国家文化出口重点企业和重点项目，分别占北京市的 31% 和 50%。

（二）主要发展举措

2021 年，朝阳区以国家文化出口基地建设为重要抓手，充分发挥朝阳区建设国家服务业扩大开放综合示范区、自由贸易试验区（以下简称“两区”）叠加的优势，大力培育具有较强国际竞争力的文化出口品牌企业（项目），持续提升文化出口质量水平，推动文化出口额稳步提升，高标准建设对外文化贸易高地，推动国际文化竞争力、影响力日益提升。主要做法和成效如下：

1. 强化政策支持力度，积极壮大对外文化贸易主体。紧抓文化科技融合发展机遇，着力增强文化领域的科技应用和自主创新能力，积极构建以数字传媒、数字内容、数字文化贸易等为支撑的高端产业体系。加强政策创新，出台并实施了聚焦品牌企业、文化科技融合、文化贸易发展等七大类别的《朝阳区促进文化产业高质量发展引导资金管理办法（2021版）》（政策“30条”），进一步加强对优质企业（项目）扶持力度，培育产业发展新动能。2021年度共计支持100个优质项目，认定97家快速发展的“蜂鸟企业”，其中外向型企业达到1/3，建立起文化贸易重点企业的“战略储备库”。2021年，中信出版集团、中国图书进出口集团、人民卫生出版社、华宇世博等12家朝阳区企业，北京国际图书博览会、魅力中国中华文化海外传播项目、WhatsFilm国际版权交易平台等9个项目，被认定为2021～2022年度国家文化出口重点企业和重点项目，分别占北京市的38%和82%。

2.加强“两区”建设，探索文化领域政策创新。把握“两区”建设契机，积极争取文化领域开放政策试点，全力推进落实文化领域各项开放政策，深化国际文化贸易。加大对文化贸易企业支持，将文化贸易纳入朝阳区《关于促进中国（北京）自由贸易试验区国际商务服务片区朝阳组团产业发展的若干支持政策》。积极与北京市委宣传部（新闻出版局）就游戏版号便捷审批事宜进行沟通，正在中国出版创意产业基地设立游戏出版服务窗口，为游戏版号申请建立绿色审批通道，优化审查流程。与北京市广电局进行多轮对接，通过筛选初步建立了符合条件的重点网络新视听文化企业台账，研究起草了《关于支持国家文化产业创新实验区视听产业高质量发展的政策建议（草案）》，探索设立网络传播视听节目许可证便捷审批通道。支持文化金融创新探索，推动设立北京银行国家文创实验区支行和杭州银行朝阳文创支行。推动正大宝库获批设立为全市首家国际高端艺术保税库及“两区”建设重点项目，为海外文物艺术品提供综合保税服务。研究起草《朝阳区引进文化产业人才政策研究》，对在“两区”建设文化贸易创新实践、推动对外文化贸易发展方面做出突出贡献的高层次领军人才加大引进力度，推动文化贸易人才引进政策在朝阳区先行先试。

3. 促进文化科技融合，大力发展数字文化贸易。受外部发展环境影响，以及新冠疫情的冲击，近年来全区货物贸易出现增长波动，倒逼传统贸易企业进行数字化转型。同时，数字经济新业态新模式的快速发展，正在加速贸易形态向数字贸易升级的进程。朝阳区大力促进文化科技融合发展，聚焦网络新视听、数字出版、数字广告、影视传媒、网游动漫、数字音乐、电子竞技、互动娱乐等数字文化新业态，重点发展对外数字文化贸易，集聚了掌阅科技、阿里文娱、快看漫画、泡泡玛特、得到等一批数字文化出口企业。其中，掌阅 iReader 在菲律宾、马来西亚、泰国等国热门 APP 畅销榜的图书相关类别中跻身前列乃至首位。朝阳区加速融入全球数字文化产业国际分工体系，推动实现更多数字内容产品的跨境交易。

4. 搭建文化贸易促进平台，持续优化营商环境。积极创新精准服务模式，依托文化企业信用促进会、文化金融服务中心等平台，鼓励企业利用各类资本市场融资，已为 1323 家文化企业通过信用评级获得融资约 234 亿元。结合“两区”建设、文化贸易企业发展诉求，运用线上线下相结合的模式，举办 8 期“优化营商环境、精准服务促发展”专场活动。充分借助服贸会、进博会、广交会等国际交流展会，宣传推广文化贸易成效，搭建文化贸易促进平台。2021 年服贸会期间，朝阳展区以“文创新区、时尚前沿”为主题，聚焦文化科技融合新场景、文旅消费新潮流，组织鲸世科技、央视频、泡泡玛特、得到、腾讯音乐等 10 家行业领军企业参展，有效利用服贸会宣传推介平台，不断提升朝阳区文化品牌传播力、影响力。通过智能化应用场景的沉浸式体验、线上直播＋线下互动消费等方式，全方位展示5G、超高清、数字可视化、智能交互、触控体感等系列“硬核科技”，全面反映朝阳区在推进文化科技、文化消费、文化“走出去”等方面的新成果。

（三）发展规划

2022年，朝阳区将按照《北京市朝阳区国家文化出口基地建设方案（2021～2023年）》总体要求，继续举全区之力高标准推进国家文化出口基地建设，把握“两区”建设契机，积极统筹国内国际两个大局，加强国际文化贸易政策探索创新，聚集国际文化高端要素资源，加快发展新型文化业态，大力培育新兴文化贸易产业，促进文化出口结构不断优化升级、发展质量不断提升，鼓励支持文化企业积极开展国际文化交流、文化贸易，通过创新驱动增强高质量发展内生动力，全面提升国际文化产业竞争力。

1. 创新对外贸易方式，做大做强数字贸易产业。促进文化科技深入融合发展，重点发展数字文化、文化贸易、创意设计等高端产业，促进广告、影视、休闲娱乐等传统优势行业转型迭代，加速文化产业结构升级、业态更新与链条优化。强化科技赋能和数字赋能，大力培育网络新视听、数字广告、数字出版、网游电竞、云演艺、数字文旅等数字文化新业态，全力建设全国数字文化产业发展示范区，引领文化“走出去”步伐。重点培育一批文化科技园区、智慧园区，打造一批数字化应用新场景，培育产业发展新动能。

2. 开展领军企业培育计划，提升国际竞争力。打造一批创新力强、发展潜力大的成长型骨干企业和国家重点出口企业。依托“凤鸣计划”“蜂鸟计划”，充分发挥龙头企业在扩大出口、示范带动方面的作用，重点支持蓝色光标、索尼等一批百亿级对外文化贸易旗舰企业，重点培育扶持泡泡玛特、正东音乐等一批外向型头部、行业骨干型企业，培育人民天舟、汉雅星空等一批创新性强、发展潜力好的“专、精、特、新”出口企业。完善文化出口企业“战略储备库”，联合专业机构加大服务力度，提升企业国际竞争力。

3. 推进“两区”建设，打造国际文化贸易中心区。把握“两区”建设契机，全力推进落实文化领域开放政策，积极争取文化领域开放政策试点，深化国际文化贸易，建设国际文化贸易中心区。持续推进外商投资音像制品、独资开办演出经纪机构等开放政策，吸引国际知名文化企业入驻。大力扶持新兴文化业态，积极争取设立申报信息网络传播视听节目许可证和游戏版号的便捷审批服务窗口，促进网络新视听、游戏产业等高端资源聚集。充分发挥 798、懋隆、红庄等园区以及正大宝库保税库的作用，探索开展面向全球的文化艺术品展示交易。鼓励北京银行、杭州银行等金融机构结合朝阳区文化产业发展重点方向，推出支持文创企业发展的特色金融产品，助力文化企业发展，鼓励支持文化企业通过北京证券交易所上市融资。

4. 整合国际国内资源，促进文化交流合作。充分发挥中国文化产业协会、中外企业家联合会、中国版权协会、国际文化产业园区联盟等驻区社会组织、专业机构在国际交流、行业资源引进等方面的作用，引导各界广泛参与基地建设。以京津冀文化产业协同发展中心、全国老旧厂房协同发展联盟、国际文化产业园区发展联盟为纽带，鼓励支持文化企业积极拓展国际市场，参与国际竞争，深化跨区域、国际间的文化交流合作，提升区域知名度和竞争力。积极搭建文化贸易交流论坛，整合专业力量和资源，围绕文化企业“走出去”难点和需要做好相关服务，深化国际文化交流合作。

十六、西藏文化旅游创意园区国家文化出口基地

自2018年6月园区被评定为国家文化出口基地以来，园区坚持以习近平新时代中国特色社会主义思想为指导，全面贯彻落实党的十九大和十九届二中、三中、四中、五中、六中全会以及中央第七次西藏工作座谈会精神，贯彻落实区、市党委第十次党代会和经济工作会议精神，紧扣全面建成社会主义现代化目标任务，努力推进经济社会全面发展，强化“六稳”“六保”举措，以建设国家级文化产业示范园区和国家文化出口基地为目标，大力推进文化旅游融合发展，统筹兼顾社会效益和经济效益，努力完成各项工作任务。

（一）发展现状

1. 示范带动。基地以“立足新发展阶段，贯彻新发展理念，构建新发展格局”为目标，践行“创新、协调、绿色、开放、共享”的发展理念。

（1）加快经济高质量转型，产业发展呈现新亮点。基地注重经济高质量发展，以第三产业发展为目标。重点发展文化产业，同时兼顾发展旅游业和科技业，截至2021年底基地建设累计完成投资额为163.8亿元，招商引资实际到位资金达到147.8亿元。2018年园区第二产业比重达96.2%，第三产业仅占3.8%，2022年第一季度第二产业比重为29.5%，第三产业达到70.5%，产业结构持续优化，主导产业优势更加明显。

（2）推进社会事业发展，带动就业更加明显。基地把社会效益放在首位，通盘考虑文化产品的社会影响，优先思考文化产品的内涵特点，尤其是以具有社会责任意识的思考作为文化产品开发的指导原则。基地内的演艺项目《文成公主》《金城公主》及出口项目《赤尊公主》以民族大团结为宗旨，讲述

了各民族间的交往交流交融，促进民族大团结，铸牢中华民族共同体意识，推动人类命运共同体的共识。每年基地内的企业项目直接带动农牧民转移就业达到5000余人次，实现收入达2000万元以上。

（3）加强合作交流，文化走上新台阶。进一步提升基地影响力，先后主办“首届西藏文化旅游创意园区艺术展览节”“西藏文化旅游创意园区文创论坛”和承办“2021全球数字经济大会——数字跨越喜马拉雅”等一批大型活动。每年举办“西藏文化旅游创意园区文创大赛”等大赛活动，截至目前，已成功举办三届，收到参赛作品226余份，其中26余件作品优秀作品入选文创大赛专展，实现产品附加值收入716.4万元，利用组织活动的支点撬动了文化资源和人才聚集。

2. 特色发展。基地积极响应“坚定文化自信，推动社会主义文化繁荣兴盛”的伟大号召，大力推动文化传播、文化交流、文化贸易。

（1）推动文旅融合，促进供给侧改革。文化是旅游的灵魂，旅游是文化的载体。基地着眼于增强和彰显文化自信、提高国家文化软实力和中华文化影响力做出的重大战略部署。推动业态融合创新发展，促进产业转型升级、提质增效。推动文化创意与相关产业、旅游和融合发展，培育新的增长点。促进文旅消费有机结合，培育新的消费热点，各类企业开发生产文化旅游创意产品620种，基地每年共接待游客达50余万人次，其中《文成公主》演艺演出的文旅消费收入近2亿元。

（2）挖掘特色资源，融入现代化发展。基地充分挖掘藏民族独有的壁画、唐卡、塑造艺术和独具神韵的藏歌、藏舞、藏戏等民族文化资源，利用在演艺演出、博物馆（展览馆）和酒店等项目的开发，游客不仅可以体验民族特色文化，还可以促进文化消费。基地把科技融入文旅业，进一步激发现代空中旅游观光业、影视业、直播基地和电子商务等现代服务业，通过多渠道促进中华文化现代化。

（3）扩大对外开放，推动外经贸发展。一是培育外经贸人才。组织基地外经贸企业积极参加上级部门组织培训工作。宣讲解读外经贸政策知识和讲解外贸专业知识，提高基地外经贸工作水平。二是实施“走出去”战略。组织园区基地企业赴北京、广州、南京等地参加国际性展览会，不仅吸取了沿海城市对外经贸的先进工作经验，同时提高了基地的对外影响力。三是加强交流合作。加强与兄弟文化产业示范园区和国家文化出口基地的交流，赴北京参加商务部组织举办国家文化出口基地论坛，加入国家文化出口基地联席机制成员单位，提高指导国家文化出口基地建设能力水平。2021 年基地内文化贸易企业主体数量增至 7 家，文化营业收入和文化出口额分别为 2.1 亿元和 633 万元。

（二）主要举措

基地坚持以“科技表达创意、创意诠释文化、文化促进旅游”的办园理念，把文化产业发展创新化、贸易发展现代化。

1. 加强品牌培育，促进带动小微企业。基地内已入驻各类文化创意类企业约 500 家，《金成公主》室内剧、松赞酒店、唐卡艺术中心等一批具有浓厚民族文化特色的项目逐步建成并运营。重点打造《文成公主》实景剧，特色突出，每年演出 180 余场次，深受国内外游客的喜爱，已然成为西藏文旅业的一张靓丽名片。在品牌培育的带动下，创新创业服务蓬勃发展，当前基地内有 5 个“双创”载体，其中有 3 家被评为自治区众创空间和 1 家被评为国家级众创空间。

2020年拉萨市商务局从中央外经贸发展专项资金中列支300万元用于基地公共服务能力的提升。

2. 优化营商环境，扩大文化开放。基地不断深化"放管服"改革，坚持"两随机、一公开"，严格执行负面清单制度，全面清理行政审批事项，全部取消非行政许可审批事项。着力提高行政服务管理水平，进一步压缩审批时限，原则上当日办结。同时，加强政策研究，用对、用好、用活各类政策，进一步激发国家级文化产业（试验）园区和国家文化出口基地的带动效应，引导企业积极向各类政策倾斜靠拢，促进基地文化产业扶持政策达到西藏最优。进一步优化创新创业环境，提升孵化机构和众创空间服务水平，更加注重双创载体的综合效益，加大创业阶段政策扶持力度，促进小微文化企业发展。

3. 建设专业化体系，引入成立社会组织。加强多部门的沟通协作，提高知识产权保护水平，鼓励和引导民间非营利组织的成立，把文化产业和文化事业走向专业化、精细化。2021年由基地企业西藏赛唐文化发展有限公司发起成立了西藏唐卡协会，有效推动唐卡艺术的传承、发展、展示与交流上起专业化的发展作用，提高唐卡画师群体的理论素养、审美观念与综合文化素养。

（三）发展规划

推动基地建设发展是一项长期工作，涉及部门多、政策性强、覆盖面广，需要各级政府及相关职能部门紧密联系、密切合作，形成推进合力。下一步，西藏文化旅游创意园区国家文化出口基地将继续以"藏文化的世界总部基地、藏文化旅游产品标准输出地、藏文化创意发祥地、高端休闲度假地"的规划定位，实现基地建设的高效率、高质量、高强度。

1. 加强统筹协调，聚集合力推动发展。定期组织召开基地企业经营发展工作会，进一步完善基地发展议事协调机制。强化工作统筹，加强信息共享，做好各类民营企业发展扶持政策的配套衔接，形成密切配合、纵横联动、齐抓共管、合力推动的工作格局。

2. 强化政策研究，聚焦方向推动发展。一是进一步完善《西藏文化旅游创意园区招商引资优惠政策规定（试行）》《西藏文化旅游园区入驻企业发展情况考核评价办法（试行）》《西藏文化旅游园区入驻企业发展情况考核评价办法（试行）》《文化旅游产业发展专项资金管理办法（试行）》等相关惠企政策，结合国家、自治区和拉萨市有关政策规定，严格程序、规范操作，充分发挥专项资金的导向和扶持作用，促进园区文化旅游等主导产业快速健康发展。二是通过微信、微博等新媒体服务手段，加强扶持政策的宣传普及，扩大知晓度和受益面，切实为民企提供全方位、多层次、立体化优质服务。

3. 强化产业引领作用，扩大开放成果转化。贯彻落实“一带一路”倡议部署，鼓励服务业扩大开放，通过新设、收购、合作等方式，实施“走出去”战略，在“一带一路”沿线国家和地区布局经营。创新监管模式，创建文化贸易全产业链服务平台，发展文化信息、藏文化创意设计等文化贸易，推动以数字技术为支撑、高端服务为先导的“文化+”整体出口，积极促进跨境文化贸易发展活力。

4. 优化营商环境，促进协调发展。按照多服务、少干预，多帮忙、不设障的要求，积极改进对民营企业的管理与服务，形成政府宏观调控、部门全力支持、企业自主发展的格局。积极推行“非禁即入”，破除行业壁垒，积极落实民营企业优惠政策待遇，提高服务措施便利化程度，打通扶持政策“最后一公里”，进一步提升文化产业领域开放水平。

5. 做好创新升级，开拓市场多元化渠道。结合基地整体发展要求和规划，创新文化企业培育模式，鼓励民营企业加大文化产品研发投入，发挥政府桥梁纽带作用，帮助企业走出基地，拓展国内外文化市场，扩大西藏文化产业活力和影响力。

十七、辽宁省沈阳市沈河区国家文化出口基地

沈河区自 2021 年 8 月正式入选第二批国家文化出口基地，在近一年的建设过程中，坚持弘扬中华传统文化，坚定文化自信，实施“古城文化”品牌和“古城创意”产品“走出去”的双轮驱动战略，在顶层设计、体制机制、招商引资、产业园区等方面加速培育文化出口竞争新优势，推动了东北地区文化贸易高质量发展。

（一）发展现状

1. 文化出口基地年度建设指标圆满完成。2021 年，沈河区共拥有沈阳杂技团、北方传媒、五爱集团等文化贸易企业 252 家，较去年同期增长 21.15%，其中国家文化出口重点企业 2 家，规上文化企业 82 家，进出口贸易类企业 173 家，分别较去年同期增长 2.5%、32.06%。全区文化及相关产业增加值达到 56.69 亿元，占 GDP 比重 6%，较去年同期增长 0.64%。文化出口额完成 1.27 亿美元，较去年同期增长 5.1%，沈河区文化出口工作专班圆满完成了年度建设任务指标。

2. 六大文化出口领域持续迸发贸易活力。2021 年，沈河区民族服饰出口、手工艺品出口、文创产品出口额占比分别达到 59.3%、19.4%、17.1%，较去年相比均能实现正增长，文化产品出口结构保持相对稳定。沈阳故宫、

张氏帅府分别接待国内外游客 116.71 万人次、79.44 万人次，实现年收入 4165.22 万元、1686.77 万元以上，中街步行街改造后客流量峰值达到 80 万人次，文化旅游出口额不断攀升。沈阳杂技团、北方传媒等文化演艺企业探索云演艺等新兴“出海”方式，以科技赋能“古城文化”走出国门。五爱跨境电商平台积极开拓出口新业务，力争打通境外市场线上销售渠道，进一步提高贸易出口额。

3. 文化产业融合发展生态圈加速构建。立足区域性文化创意中心建设目标，围绕沈河区“十四五”时期规划布局的文商旅融合生态圈。2021 年，文化资源更新赋能，中街国家级步行街基本完成硬件设施改造，古城文化特色胡同和特色店铺掀起文化消费热潮；中街路品牌形象场景化及增设景观雕塑项目，推动文化品牌逐步塑造；非遗商会打造集非遗文化展览馆、网红直播基地等于一体的综合体；引进两家文化演艺公司，促进古城文化产业类型的多元化和品牌化；参加北京服贸会，设置专属展位展览展示中街缩影和贸易产品全景；如期组织区内企业参加各类国家级贸易展会，进一步促进文化交流向文化贸易转化；产业要素持续丰富，积极组建文创产业联盟、筹备文创场景大会、搭建文化出口产业园、出台文化出口支持政策，整合市场力量招引一批文化贸易企业集聚，大力推动古城文化瞄准新趋势蓬勃发展。

（二）主要举措

沈河区立足打造区域性文化创意中心的战略目标，以文化出口基地建设作为重要抓手，在“古城文化”品牌和“古城创意”产品“走出去”的双轮驱动战略指导下，2021 年，以“自上而下、内外保障”为原则，做好工作机制、顶层设计、产业载体、主体引培、政策制定和业务拓展五大方面工作，为文化出口基地建设发展的爆发期做准备。

1. 创新搭建“多元政府部门＋专业市场外脑”的文化出口工作专班。自沈河区开展第二批国家文化出口基地申报工作起，省市相关部门领导高度重视，构建了省商务厅统筹领导、市商务局协调推进、沈河区委区政府具体执行的三级联合推进工作体系。申报成功后，该工作体系持续深化完善，省委宣传部、沈阳市宣传部等相关部门给予多维度工作指导，长城战略咨询等市场化服务机构给予专业工作支持，共同创新搭建了“多元政府部门＋专业市场外脑”的双推进工作专班，集合各方政府力量、注入市场化新鲜活力，协同推进、专业推进、前沿推进文化出口基地建设工作。

2. 率先完成、坚持落实沈河区文化出口基地建设顶层设计方案。按照中华人民共和国商务部办公厅、中共中央宣传部办公厅商办服贸函〔2021〕315 号文件要求，沈河区商务局按时启动《沈阳市沈河区国家文化出口基地建设方案（2021 ～ 2023 年）》编制工作，联合外脑机构开展研讨交流，与沈阳海关、沈阳自贸区等多次座谈，整合前期申报获取的企业相关情况，率先完成了文化出口基地建设的顶层设计方案，明确制定了文化出口规模显著提高、文化贸易主体不断集聚、“古城文化”品牌走出国门、“文化＋”业态蓬勃发展四项总体目标，以及文化旅游、文化演艺、文化创意、民族服饰、手工艺品、美食文化六大文化出口领域，并结合自身基础与优势，着重开展健全文化出口机制、文化出口企业引育、文化交易数字化、文化金融矩阵构建、文化出口品牌塑造、文化空间“一园一品”建设、文化出口人才引培、知识产权保护八项行动二十项举措。

3. 发挥优势、规划设计、稳步推进文化出口产业园区建设。发挥沈河区作为沈阳市的楼宇资源大区，高品质楼宇已成为产业发展的主要空间载体，以及由沈河区管理的沈阳金融商贸开发区，是沈阳自贸区合作发展协同区的两大优势，由沈河区商务局牵头，选址盛京路（原信访大楼）规划建设文化出口产业园。该大厦交通便利，商贸繁荣。文化出口产业园拟承担出口产品展览展示、古城文化项目路演、文化科技企业孵化、文化品牌塑造等功能，设立公共多功能会议室、产品发布大厅等公共空间，引进运营经验丰富、招商能力强、管理服务能力一流的文化产业园区专业运营商，开展文化贸易企业前置招商工作，争取在产业园建设完成后入驻一批头部文化贸易企业。

4. 方向清晰、目标明确、准备充分，文化贸易企业和文化出口项目引培工作如火如荼。充分发挥“多元政府部门 + 专业市场外脑”的工作专班效能，沈河区商务局联合长城战略咨询梳理出 2015 ～ 2022 年全国文化出口重点企业 1002 家以及文化出口重点项目 360 个，并对企业和项目所属的出口领域、区域范围、主营业务等进行详细分析，结合沈河实际明确重点招商区域和招商方向，指导开展精准招商工作，即面向京津地区精准招引数字出版、影视传媒、文化科技领域企业，面向华东、华中、华南地区精准招引文化创意、文化科技领域企业，面向西南地区精准招引文化演艺领域企业，以及面向东北地区兄弟省份精准招引文化演艺、手工艺品企业，并将招商任务分解到各包保单位。同时，梳理总结全区进出口贸易企业情况，对标规上企业标准和国家文化出口重点企业及项目标准，筛选出一批重点培育企业，开展商业模式打磨、出口渠道拓展、政策需求征集等培育工作。

5. 多方沟通、上下协调，文化出口政策制定和业务试点迈出第一步。在文化出口基地建设过程中，省市主管部门充分发挥统筹协调作用，多次联合沈阳海关、沈阳自贸区和综保区开展研讨，争取在政策、资源、信息、招商等方面建立互惠共享机制，并推进区商务局与其建立起良好的沟通交流渠道。

目前综保区提供了《沈阳综合保税区招商引资政策措施》《沈阳海关提升跨境贸易便利化水平 推动通关时间“最短化”工作方案》和《关于支持沈阳综合保税区桃仙园区建设发展的若干政策》等政策文件，梳理了第一批国家文化出口基地制定出台的扶持政策。此外，沈河区已经与沈阳综保区达成初步共识，拟在金融商贸开发区中国邮政分拨中心增设进出口贸易集散中心业务。

（三）发展规划

2022 年，沈河区进一步落实《沈阳市沈河区国家文化出口基地建设方案（2021 ～ 2023 年）》，加大文化出口基地建设力度，在推进文化出口产业园落地、开展“走出去”精准招商、出台文化出口扶持政策基础上，重点在出口机制优化、出口企业培育、出口品牌塑造、文化金融探索四方面发力。

1. 深耕 2021 年重点工作，以“三个加快”开启文化出口基地建设发展爆发期。一是加快推进文化出口产业园投入使用，深化完善产业园内外规划设计方案，尽快开启产业园施工设计、招标入场、工程装修等工作，并邀请专业机构联合开展前置业态布局，以“揭榜挂帅”形式招引专业的产业园运营商。二是加快文化出口基地建设扶持政策出台，选取不同出口额档次的企业抽样调研走访，获取发展不同阶段的出口企业对于出口政策的实际需求和其在经营过程中遇到的困难问题，对照“自上而下”形成的政策初稿进行“自下而上”的修改完善，并做好资金测算工作。三是加快开展文化出口专场招商活动，立足沈河区“全员招商”体系，制定文化出口“走出去”精准招商方案和时间安排表，加大文化招商占比，选取与沈河区出口领域相近的地区重点召开资源链接会，制作沈河区文化出口基地招商手册，向全国推介东北唯一的文化出口基地。

2. 活化文化贸易环境，探索互惠共享沈阳海关、沈阳自贸区等机制和政策。一是计划进一步加强与沈阳海关的沟通交流，研讨海关通关便利化实际操作的可行性，力争沈阳海关相关部门能够驻场沈河区，联合建立安全高效便捷的海关综合监管模式，在沈河区设立文化产品出口验放手续、查验、结汇等绿色通道，为区内企业提供 24 小时通关服务。二是充分发挥金融商贸开发区作为中国（辽宁）自由贸易试验区沈阳片区协同区的区位优势，探索沈河区与沈阳自贸区在政策扶持、出口机制、业务承接等方面的共建共享，优化备案登记、自主经营进出口权、商检等贸易出口审批流程。三是借势中欧班列沈阳东站始发，推进区内外贸企业与外运东北公司战略合作，拓展沈河文化产品出口的国际物流渠道。四是落实跨境服务贸易负面清单，创新探索清单指示、清单覆盖面、监管保障制度等，为沈河文化贸易的发展营造国际化、市场化、法制化的营商环境。

3. 促进文化生态“出海”，持续开展文化出口企业和文化出口项目引育工作。一是建立起文化贸易企业和项目资源库，对照《文化产品和服务出口指导目录》等国家标准，每年筛选一批在文化出口领域贡献突出、创新基础好、发展潜力大的文化贸易企业、文化出口服务平台等入库培育。二是发挥北方联合出版传媒、沈阳杂技演艺集团的重点出口企业示范带动效应，积极排演、制作具有“古城文化”要素的剧目剧集，培育一批国家文化出口重点项目。三是借势 RCEP 生效，落实省市出台的相关指导意见和行动计划，梳理沈河区符合 RCEP 关税减免政策的商品和企业目录；学习借鉴青岛等先行先试地区经验，探索搭建 RCEP 企业服务中心，提供原产地证书申领、政策宣讲、商事仲裁解决、商业保理等一站式服务；积极参与沈阳市扩大与 RCEP 成员国货物贸易、服务贸易、跨境电商交易以及拓展通道平台等重点任务，争取建设沈阳市 RCEP 示范区。

4. 挖掘古城文化内涵，不断强化文化出口品牌塑造。一是将文化出口与沈河区品牌活动联名，加快筹备召开沈河区第三届服务业开放创新大会暨沈河区文化出口基地建设发布会。二是寻求专业化市场机构达成战略合作，挖掘、构建、运营“古城文化”品牌，逐步搭建文化地标的三级品牌矩阵。三是开通新兴媒介官方账号，定期开展直播活动，提升海内外大众“体验式”参与感和“互动式”交流感。

5. 强化文化贸易支撑，创新构建文化金融矩阵。一是立足金融商贸开发区作为东北金融集聚区之首的资源优势，与区内金融机构探索设立文化分行、支行、文化金融事业部等服务机构的可行性，重点创新品牌融资、文化征信贷、文化保险等文化金融产品，促进银行机构对文化企业进行企业授信。二是充分发挥政府财政资金杠杆作用，激发社会资本在文化贸易领域投资活力，推进省、市、区及社会金融服务机构等联合设立文化产业资金工作。三是积极协助区内企业申报国家和省市区支持文化贸易发展的各项优惠政策，确保财政、税收、金融等各项优惠政策落实到位。四是支持社会金融服务机构以信贷资金、资本市场融资和域外融资等多渠道有机结合的方式构建多元文化投入格局，支持各类企业以项目融资、租赁融资、发行信托进化和保险资金等方式投资文化产业。

十八、四川省成都市武侯区三国创意园国家文化出口基地

成都市武侯区三国创意园作为全国第二批国家文化出口基地，立足于传承和弘扬中华优秀传统文化，以三国文化为核心，聚焦推进国家文化出口基

地建设，形成了业态丰富、多元发展的三国文化贸易体系。

（一）发展现状

成都市武侯区三国创意园已聚集文化出口企业近200家，集聚了成都力方视觉科技有限公司、域上和美集团等国家文化出口重点企业和项目，游戏动漫、版权贸易、文博旅游、创意设计、文化用品等出口产品和服务辐射全球20多个国家和地区，与超过10个“一带一路”沿线国家和地区开展了贸易往来。2022年1～9月基地新增文化类重点企业86家，其中预计有文化服务进出口贸易业务企业12家。

（二）主要举措

为了打造基地以三国文化为核心的主导产业，成都市武侯区三国创意园做了以下重点工作：

1. 打造载体平台。2022年基地新增9万平方米的“文化+”高品质科创空间，打造集中展示文化内涵，培育文化原创品牌的特色载体。

2. 优化营商环境。创建西南地区首个境外人员服务中心、国内首个“网上审批中心”和“一门式”政企服务平台，搭建了“1+N”公共平台，建立了“诸葛知力-基层法治指导员”等法律服务平台、海关进出口贸易快捷平台、武侯区元宇宙协会等平台机构。

3. 完善政策体系。分类制定支持音乐产业、文博旅游、数字娱乐等产业发展的近20项专项政策，设立了规模达700万元的武侯区文创产业发展专项资金，每年支出文创产业发展政策资金总计近2亿元，组建了规模10亿元的区体育文娱产业股权投资基金。

4. 强化人才保障。深入实施“蓉漂”计划，常态化开展“蓉漂人才荟”“菁蓉汇”等系列活动，出台系列人才政策，扶持金额最高达 800 万元，为推动文创产业的快速发展提供有力的人才保障。

为了推动文化出口，基地也形成了其独特的经验：

1. 机制联动聚力发展。省市区政府高度重视基地建设工作，建立了三级联动机制。市委市政府将建设国家文化出口基地纳入 2022 年工作要点。

2. 招引挖潜实现突破。坚持“抓大扶小”，招引“链主”企业，强化资源供给，借力行业领军企业实现产业链供应链优势互补，打造三国文化产业集群生态圈。

3. 文创“出海”新品迭出。基地内文创企业积极响应国家号召，通过多种形式推动文创产品“走出去”，进一步增进了海外国家对中国文化的了解。

4. 建圈强链凸显成效，提升了产业聚集度。围绕三国文化创意产业，突出设计、策划、演艺等细分产业链及生态圈，锁定企业发展核心要素，在三国文化开发、数字文物展览、数字文化“出海”、专项政策扶持等方面强势赋能企业。

（三）发展规划

基地下一步计划全面做响文化出口品牌，到 2023 年，完成文化产品与服务出口总额 1.6 亿美元，培育重点文化出口项目和企业 5 家以上。

2022 年，基地将着力推动“四个一”建设：一是搭建一套国家文化出口基地领导机制，发挥各部门合力，推动三国文化贸易高质量稳健发展。二是制定一套国家文化出口基地统计监测体系，摸清基地文化贸易企业基本情况和发展状况，促进文化出口高质量发展。三是形成一项国家文化出口基地专项政策，加大对文化出口企业的支持力度。四是建设一个展示中心，依托成都市欧盟项目创新中心和对外科技交流协会，推出线上数字交易、线下展示服务运营平台，展现文化贸易成果。聚集和培育一批围绕三国品牌研发的文创企业，年内发布展示“三国·蜀”全媒体平台项目和“三国有礼”文创产品项目。

基地也制定了清晰的未来发展规划：一是传承三国文化，提升三国文化美誉度，成为全国和全球重要的三国文化承载地，文旅消费目的地和对外开放的三国文创产业集群新高地。二是营造文化场景，提升三国文化显示度，充分利用成都三国文化厚重历史和丰厚资源，深挖三国文化内涵与价值，提升三国文化遗存保护展示利用水平。三是突出强链集圈，提升文创产业聚集度。围绕三国文化创意产业，突出设计、策划、演艺等细分产业链及生态圈，充分整合产业资源，强化上下游企业聚集。四是推动“产业＋外贸”融合，提升文化出口贡献度。力争到2023年，武侯区实现三国文化及相关企业总数达10000家，规模以上三国文化及相关企业达到300家，文化及相关产业增加值达150亿元，占GDP总量比重大幅增加。文化企业自主知识产权拥有量达5000件，产业从业人员20万人。实现三国文化净出口额2000万美元，拥有省级重点文化企业5家，将三国文化产业打造成为成都市新的文化出口增长极。基地将以三国文化为核心，形成“一轴三区”的规划布局，“一轴”为佳灵路三国文化产业发展轴，“三区”为“英雄三国”武侯祠片区、“动漫三国”红牌楼片区和“市井三国”清水河片区。

十九、上海仓城影视文化产业园区国家文化出口基地

上海仓城影视文化产业园区作为一家不断发展升级的专业影视文化产业

园区，紧紧围绕党对文化建设的总体要求，抢抓机遇、积极探索，迅速形成“仓城影视”品牌，成立十多年来，从上海首批文化产业园、首家市级影视文化产业园，到国家级文化出口基地，成为上海文化贸易发展的新亮点和重要着力点。

（一）发展现状

上海仓城影视文化产业园集聚国内外影视文化资源，入驻园区的影视类企业达到 4800 多家，其中上市公司及关联公司有 70 多家，包括华策、中视儒意、柠萌、耀客等影视文化领军企业，以及众多国内知名导演、制片人、艺人工作室。园区电影年产值、电视剧年产值和名人工作室年产值均占全国的 1/3。

近年来，在市区相关部门支持下，园区营商环境不断优化，文化创意产业发展迅速，文化出口规模日益扩大。据统计，园区内有从事文化出口业务的企业 93 家，其中 3 家被认定为国家文化出口重点企业，1 万多小时的中国影视精品行销全球 100 多个国家和地区，观众反响良好。2019 ～ 2020 年，园区文化出口总额达 1.36 亿美元，在全国影视产业园区中名列前茅。2021 年园区文化出口额达 1.51 亿美元，同比增长 11.02%。2021 年园区的文化产值总额共计 167 亿元，占松江区 GDP 的 9.5%，占全市 GDP 的 0.38%，文化创意产业的繁荣发展为经济的高速增长贡献巨大。

（二）主要举措

上海仓城影视文化产业园紧紧抓住“国家大力支持文化产业发展”和“把松江打造成世界级科技影视之都”的历史机遇，做深做细各项服务，通过不断完善园区产业功能板块、优化产业发展服务平台、推进园区重点项目建设、创新管理服务机制和优化园区营商环境等举措，扎实推进仓城影视文化产业园转型升级和跨越发展，全面提升园区的影视文化产业发展水平。

1. 始终坚持招强引优，持续做好招商引资工作。园区下辖的 6 个招商部、北京办事处和 2020 年末设立的影视项目服务专班等部门齐头并进，不遗余力开拓市场，挖掘新业务，利用微信公众号等媒体平台及时发布最新文化产业政策，提升园区在异地市场的影响力。园区始终坚持“走出去”的招商方针，截至目前共有 61 批次 191 人次前往北京、深圳、重庆、横店、杭州、福州、厦门、成都、青岛等 9 地开展招商，走访影视企业数 647 家，同时接待影视企业考察 93 批次。

从招商数据来看，2021 年新引进企业 899 家，同比增长 14.81%，实现税收共计 8.34 亿元，同比增长 18.13%；对照全年“新引进影视企业数 800 家”的指标，引进企业数完成率为 112.37%。

2. 搭建完善服务体系，持续优化影视营商环境。近年来，影视行业受到市场竞争加剧、新冠疫情影响以及全内容、多元化业务发展存在不确定性等不利因素的影响，倒逼行业变革。园区从企业核心需求出发，竭尽所能为企业提供支持，先后实施了涵盖资金、政策、业务机会、企业服务等方面的帮扶措施。2021 年园区参照《松江区关于促进上海科技影都影视产业发展的若干政策》（简称“松江 16 条”），为企业陆续申请了房租补贴、配套资助、项目奖励等多样化帮扶金共计 2322 万元，全方位惠及企业，有助于园区和企业一起共渡疫情难关。为鼓励优秀影视人才集聚发展，优化影视人才发展综合环境，建设影视产业人才高地，根据《关于加快 G60 科创走廊松江科技影都影视产业人才高地建设的实施意见》这一优惠政策，园区为符合条件的影视人才申请专项资金。园区积极搭建、升级影视业发展平台，扩大服务矩阵，优化营商环境。在影视项目服务专班的基础上，园区主动承接任务，推动成立科技影都影视协拍中心，为拍摄剧组提供专项对接服务，以影视产业为支点，加大产城融合、文旅结合，带动区域服务业进一步发展，吸引全产业链影视企业入驻。

3. 抓牢重点实体项目，持续推进上海科技影都建设。持续推动重点实体项目落地，推进全球影视创制中心建设。华策长三角影视中心项目按照时间节点完成相关建设，摄影棚逐步投入使用。积极做好华策长三角影视中心一期推介工作，系统性开展招商工作，对入驻影视企业提供全程跟踪服务，吸引影视全产业链企业实体入驻。

星空影视基地项目，经多方协调解决，排除困难，各项施工工作正常开展。园区努力促成该项目按照计划时间节点完成各项实体建设。

国研智库创新科学园定军山影视数字科创基地项目在科技影都发布会正式签约落户，已进入实质化运作阶段，园区促成该企业成立影爵影视传媒有限公司，搭建项目招商服务平台，逐步将影视业内的优质资源如中国电影工业网、银都机构、中国电影基金会影视进出口公司等一批优质企业引入仓城园区注册落地，并做好其旗下的相关影视企业配套服务工作。

4. 加大海外市场开拓力度，持续推动文化出口多样化。园区大力支持重点企业海外拓展，积极探索信息化互联网技术在文化贸易中的应用，推动影视交易云平台搭建，园区组织企业积极参加香港国际影视展线上版，为企业提供全方位线上影视跨境交易服务渠道，支持柠萌影业、华策影视、克顿文化传媒等国家文化出口重点企业开拓国际业务。香港国际影视展作为亚洲最大的影视展，亦是全球举足轻重的电影交易市场之一，吸引来自世界各地的著名制片人、发行商、投资者及业界代表踊跃参与，园区通过平台进行全方位的宣传推广，借以拓宽人脉网络、洽谈交易，有利于打响“上海文化”品牌，提升“仓城影视”影响力，进一步推动文化贸易数字化发展。

（三）发展规划

随着松江新城建设启动和上海科技影都建设持续深化，仓城影视文化产业园各项工作紧紧围绕这一中心任务，始终把园区建设成产业特色鲜明、高端要素集聚和配套功能完善的高水平国家文化出口基地，打造成“全球影视创制中心的主要承载地，长三角影视工业化的典范样板地，出口影视文化产品的重要制造基地”，作为园区发展的建设目标。

1、以影视行业龙头为主要目标，持续加大招商力度。坚持“走出去”战略，发动多批次人员走访企业，力争完成年初制定的各项指标任务。持续探索招商新形式，影视企业服务工作上做深做细。对国内影视制作头部企业进行系统梳理，制定走访计划，持续走访，了解企业动向，深度服务，开拓融资、创投、宣讲等多种影视产业链服务新形式，增加企业黏性。同时，对影视装备、影视后期制作、影视培训教育、影视项目孵化、短视频影视转化，影视科技研发等新兴的泛影视文化产业的项目和企业多方位调研，招强引优。

2、以加大文化产业出口为目标，拓展重点招商领域。园区持续积极引进广告、艺术设计和影视、动漫、游戏、数字媒体等文化创意产业及相关技术服务业，支持园区内企业对国际先进技术的消化、吸收和再创新，依托松江大学城资源优势，进一步发展 VR、AR、3D 打印等高科技文化制造业，为影视产业“走出去”提供技术支撑。支持华策长三角国际影视中心、星空综艺影视研发基地等重点项目建设，培育影视文化贸易旗舰企业，发挥其在产业集聚、示范引领、扩大出口等方面的支撑作用。

3、以提升仓城文化品牌为宗旨，服务科技影都建设。围绕打造上海科技影都，持续建设三大中心：一是仓城国家级文化出口基地影视产业发展中心，拟培育一批具有较强国际竞争力的影视文化企业，打造具有较大影响力的国际影视文化交易中心，推动影视文化贸易结构不断优化，影视文化产品和服务出口规模不断扩大。力争文化出口每年保持 10% 的稳定增长，整体实力和竞争力显著增强。二是上海科技影都协拍中心，除了对软硬件和人员进行系统配置外，进一步探索吸引剧组来基地拍摄的多种手段，包括财政引导等。为来基地剧组提供线上线下包括外联、生活、服化道、场景、政策对接、立项发行、融资、保险等一站式全过程服务。三是建设上海科技影都影视科技人才发展中心，随着"十四五"开局之年松江新城建设发力，本地区对于国内外，特别是国内越来越多影视文化科技人才的虹吸效应明显体现。该中心主要服务于影视后期制作、影视科技研发、编剧、制片人、导演、艺术家等优秀影视科技人才，通过对接市区各级部门和相关政策，切实解决其落户、社保、就业、住房、企业服务、子女就学等诉求，使影视科技人才能聚集科技影都，打造影视科技产业人才发展的沃土。

4、以创新园区运作模式为突破口，扩大地方产业能级。一是利用论坛、展会、发布会等各种平台，持续扩大科技影都影响力。探索创立国家级、甚至世界级的独立影视文化产业活动交流平台，进一步打响上海科技影都品牌。二是在影视项目投融资、影视实体项目开发等领域探索政企合作新模式，利用好仓城园区平台，积极联系优质影视文化企业，论证国有和集体资本进入影视产业深度发展的可能性，力求在确保国有和集体资产保值增值的前提下，探索性参与部分项目，扩大上海科技影都影响力，提升松江新城知名度，增加地方经济效益和财政收入，促进本地区影视产业发展实现跨越发展。

5、持续推进基地发展的阶段规划。一是持续推进华策长三角国际影视中心、中视儒意影视基地、星空综艺影视研发基地、上海科技影都影视协同创新中心、定军山影视基地等5个重点项目建设，发挥其辐射效应，共建长三角影视产业高地。二是通过政府引导、市场运作和多方共建方式，建设6个影视公共服务平台：影视发行交易平台、影视金融服务平台、影视数字虚拟资产交易平台、网络协同制作平台、影视人才大数据平台、影视工业化流程管理平台，初步形成影视产业公共服务平台网络。三是建设集“数字化影棚、拍摄服务与办公、自然与实景拍摄地、后期制作企业集群、影视人才培训基地、专业配套服务集群、高品质商业服务”等功能板块的影视文化产业园区，整个园区形成7大发展片区：影视专业产业区、影视配套产业区、影视教育实践区、影视特色街区、影视商务服务区、影视文旅融合区和影视特色社区，把上海仓城影视文化产业园区打造成“影视创制企业聚集地、影视双创孵化基地、出口影视产品创制中心”。

二十、江苏省苏州工业园区国家文化出口基地

苏州工业园区是中国和新加坡两国政府间具有标志意义的重要合作项目，1994年2月经国务院批准设立，同年5月实施启动，辖区面积278平方千米，中国（江苏）自由贸易试验区苏州片区全部位于苏州工业园区。经过28年发展，园区已成为全国开放程度最高、发展质效最好、创新活力最强、营商环境最优的区域之一，被誉为我国改革开放的重要窗口、国际合作的成功典范。在国家级经开区综合考评中实现六连冠（2016～2021年），世界一流高科技园区基本框架初步构建。

（一）发展现状

2021 年，苏州工业园区拥有文化产业单位 7916 家，规模以上文化企业 162 家，文化及相关产业增加值 226.12 亿元，同比增长 14.4%，占地区生产总值比重达 6.79%。文化服务进出口额 2.96 亿美元，同比增长 10.1%，其中出口近 2 亿美元。文化产品进出口额 3.35 亿美元，同比增长 13.3%。集聚了友谊时光、叠纸网络、爱洛克信息、蜗牛数字、仙峰网络、欧瑞动漫等 10 家国家文化出口重点企业，拥有上市文旅企业 7 家，“全国文化企业 30 强”提名企业 1 家，江苏省重点文化科技企业 16 家，苏州市新兴业态文创企业 23 家，上市苗圃企业、高新技术企业、独角兽和瞪羚企业也不断涌现，以动漫游戏服务出口为主要特色的数字文化产业集群已初步形成。

（二）主要举措

2021 年，苏州工业园区按照国家文化出口基地建设方案和重点工作任务目标，聚焦核心、创新举措、内引外培，不断壮大各类文化市场主体，培育新型文化业态和文化消费模式，推动基地建设各项工作取得显著成效。友谊时光等 8 家企业入选“2021 ～ 2022 年度国家文化出口重点企业”，其中奥拉动漫、乐志软件首次入选，占全市 4/5、全省 1/4，2 个项目获评“国家文化出口重点项目”。6 家企业入选江苏省民营文化企业 30 强，占全省 1/5、全市 2/3。欧瑞动漫制作出品的动画片《多多的童话》入选文化和旅游部 2021 年“一带一路”文化产业和旅游产业国际合作重点项目，是江苏省唯一入选的项目；奥拉动漫制作出品的动画片《奇奇和努娜》获评国家国家新闻出版广电总局 2020 年度国产优秀动画片，是全国获评的 20 部作品之一。

1. 完善政策保障措施。出台并启动实施《苏州工业园区文化产业高质量发展三年行动计划》（2021～2023），制定《苏州工业园区国家文化出口基地建设方案》，以“一流科技园区，新兴文化高地”为愿景，以“数字化文化输出”为引领，以“创意性生产、创造性转化、创新性传播”为路径，着力构建具有“江南文化”特色和核心竞争力的文化产业与贸易体系。

2. 成立文化产业招商中心。园区聚焦文化产业和贸易发展，坚持高位推进、系统谋划，不断健全工作组织机构，打好发展“组合拳”。成立苏州工业园区文化产业招商中心，组建专业招商队伍，建立苏州工业园区推进文化产业项目招商引进及在地培育专项工作机制，科学分解招商任务，协同开展招商工作。2021 年，新增招商落地重点项目 25 个，阿里文娱城市创想空间、网易苏州数字文化创新中心、猪八戒网数字版权与文创（江苏）区域总部等一批头部企业、龙头项目落地运营。这将进一步提升园区文化产业集群发展水平，推动文化贸易出口，促进产业和贸易结构优化升级。

3. 设立中国（江苏）自由贸易试验区苏州片区游戏企业服务中心。率先在全省开展网络游戏的属地化管理试点工作，实现网络游戏版号申请一站式集中受理，推进国产游戏版号初审的便捷性和时效性，为游戏企业提供全过程服务。在企业自愿的前提下，指导帮助游戏企业打磨精品、完善申报材料，做好申请版号的前期准备工作。同时，定期组织游戏企业负责人员参加相关法律法规和业务培训，协办、承办省内游戏行业的各类专业培训和会议论坛。

4. 成立数字文化产业协会。在全市首创设立数字文化专业行业协会——苏州工业园区数字文化产业联合会，首批会员单位逾 50 家。通过协会有效整合优势资源，引导创新要素集聚，加强行业合作交流，促进文化与相关产业深度融合，打造政企互动、企业联动的数字文化产业生态圈。

5. 发布若干政策服务型工具。园区文化投资热力图小程序、文体旅企业服务政策汇编电子书上线，为招引项目和在地企业提供精准服务。

6. 实施数字文化精英共生计划。成功举办首期数字文化精英班，为园区数字文化领域的成长型企业和领军人才搭建多元综合的培育体系，打造园区数字文化领域的“新苗圃”。同时将数字内容、互联网服务、软件服务、直播、新媒体、数字文娱、文化产业经营管理类新型融合业态人才纳入“金鸡湖人才”体系，招引结合，引育并重，分层次奖励人才及创新创业团队，不断提升文化人才市场竞争力。

（三）发展规划

1. 打造专业高效的文化产业服务平台。以中国（江苏）自由贸易试验区苏州片区建设为依托，用好载体资源，引进或打造品牌化、市场化、国际化展会，为文化贸易企业提供多元化展示交易平台，对接国内外优质产业资源和数字文化领域的头部平台型企业，为文化贸易企业开辟更多的销售渠道，不断拓宽对外贸易市场。办好首届金鸡湖数字文化产业合作与发展论坛，以“文化新时尚数字畅未来”为主题，包含开幕式、主论坛、专题分论坛、数字文创大赛、颁奖典礼、参观考察、闭幕式等，并将通过主旨演讲、专家对话、圆桌讨论、案例分析等形式，以品牌构建为核心，力争经过 3 ～ 5 年的培育，将园区建设成为长三角数字文化新高地和数字文化城市新标杆。

2. 落实各级扶持政策和引导资金。落实国家文化出口重点企业、国家文化出口重点项目扶持政策，积极用好省、市、园区服务贸易、文化产业、服务外包等引导资金，加强政策支持和服务保障，助力文化贸易企业“走出去”，积极拓展国外市场，发展壮大市场主体，确保文化产业和贸易总体规模持续增长。

3. 建立文化服务贸易重点企业库。拟定《苏州工业园区对外文化贸易重点企业库管理办法》，进一步挖掘与跟踪潜力企业，动态更新全区文化贸易企业，尤其是文化服务贸易企业的企业数量、发展状况、贸易往来等方面信息，完善统计制度，注重数据分析和跟踪服务，及时分析研判总体发展趋势、存在的问题。

4. 持续加大产业招商。以设立文化产业招商中心为契机，切实发挥文化产业项目招引培育工作专班的作用，不断拓宽招商渠道，实施专业化、精准化招商。聚焦数字文化和内容版权，重点吸引国际知名、全国领先的文化标杆企业、税源型文化企业，不断壮大市场主体。持续加强在地企业育培育，对存量企业、在建项目、落地项目开展专业化个性化服务，动态跟踪，加强政策保障，及时协调解决企业困难。

5. 持续优化产业生态。全力推进中国（江苏）自由贸易试验区苏州片区游戏企业服务中心建设，提升园区的数字文化产业发展氛围，助力游戏产业跨越发展。实施第二届数字文化精英共生计划，不断提升文化人才市场竞争力。充分发挥苏州工业园区数字文化产业联合会作用，促进对外交流，建设集“政产学研用投”于一体的合作交流平台，为园区营造良好的产业发展生态。

二十一、广东省广州市番禺区国家文化出口基地

番禺区作为第二批挂牌成立的国家文化出口基地，根据上级有关要求，结合番禺区实际情况，制定实施《广州市番禺区国家文化出口基地建设方案》，明确基地建设的指导思想、基本原则和总体目标，健全组织领导机制，确定基地建设具体实施内容以及工作任务分工，做好各项工作的统筹协调，有序推进基地建设。

（一）发展现状

番禺区依托深厚的文化底蕴，坚持“文化＋设计”“文化＋艺术”“文化＋数字”理念，通过出台扶持措施、深化产业布局、优化发展环境、促进合作交流等举措，大力推动文化出口产业高质量发展。初步形成以珠宝设计生产、灯光音响、动漫游艺、互联网新业态等为主的文化业态，培育聚集了一批文化出口龙头企业。目前全区拥有规模以上文化及相关产业企业 308 家，2021 年实现营业收入 593.54 亿元，截至 2021 年底资产总计 960.43 亿元。2021 年全区文化出口额达 43.75 亿美元，文化出口产品和服务辐射全球 150 多个国家和地区，与“一带一路”沿线 30 多个国家开展业务往来。

（二）主要举措

番禺区始终坚持从实际出发，以充分发挥市场主体作用为主轴，辅以政策、服务体系建设，打造优质文化出口平台，融合发展特色文化出口产业，拓宽出口渠道，为区内文化企业出口工作保驾护航。

1. 加强政策引领，打造特色融合产业。通过出台区文化产业发展三年行动计划、数字互动娱乐产业政策，深化政策布局，成立战略性新兴产业基金，开展数字创意、动漫游戏、文化旅游、演艺设备、创意设计等七大行动，大力推动文化产业“走出去”。遵循分工合理、重点突出、各具特色、相互融合的原则，布局“特色小镇＋产业园区＋大学城”南、中、北全域发展格局，不断完善体制机制，建立跨部门协调工作机制，加强统筹协调，整合资源，推动文化出口产业发展。坚持“文化＋设计”，打造珠宝首饰定制之都；坚持“文化＋艺术”，打造世界一流灯光音响产业；坚持“文化＋数字”，打造游戏“出海”实力强区，形成以珠宝设计生产、灯光音响、动漫游艺、文化旅游和互联网新业态等为主的特色文化业态，促进文化产业合力成长。

2. 推动平台建设，提升对外交流质量。鼓励创新创造，开展粤港澳台大学生创新创业大赛等赛事活动，“以赛代评”培育一批文化成长型中小企业。设立中国广州番禺（珠宝和动漫）知识产权快速维权中心，成立广州市番禺区知识产权保护协会，有效保护动漫游戏产业知识产权。引进直播电商产业链条，为文化出口拓宽国际市场。广州环球贸易广场（新鸿基广州南站TOD）项目顺利动工，助力文商旅融合示范区建设。持续压减申请材料数量，推动材料提交无纸化，创建全国“政务晓屋”标准化体系，不断丰富“政务晓屋”服务功能，提升营商政务服务效率。全区布设 81 台 5G+VR“政务晓屋”，可办业务 2386 项。番禺区 5G+VR“政务晓屋”项目荣获广东省市直机关“先锋杯”工作创新大赛二等奖，入选中国政务服务博览会 2021 政务服务品牌创建典型案例。通过“番禺区亲商服务平台”串联政企服务企业，截至 2022 年 2 月，已有超过 4000 家企业“上平台”。加强国际友好城区文化互动，举办“2021 耶拿·番禺日”活动，助力企业“走出去”；2021 国际珠宝首饰流行趋势发布会（中国·广州番禺）活动纳入 2021 广州文化产业交易会子活动，助推珠宝产业转型升级；在沙湾珠宝产业园设置“国家文化出口基地·广州番禺珠宝产业展”展厅，提升基地对外整体形象。

3. 打造特色产业，助力产业升级发展。番禺区作为全国最大的珠宝首饰生产制造基地、全球著名珠宝品牌集聚地，全区集聚全球 30 多个国家和地区的珠宝首饰企业近 10000 家，从业人员近 10 万人，产品占全球市场份额约三成，占港澳地区市场份额约七成。拥有广东省珠宝玉石交易中心和广州钻石交易中心两个省级珠宝专业交易平台，正积极申报国家级平台，集聚了谢瑞麟、柏丽德、周六福等众多珠宝品牌，打造了珠宝全链条供应链综合交易服务平台。2021 年，番禺区珠宝首饰出口额 227.2 亿元，同比增长 60%。同时，番禺区作为国内最早发展灯光音响行业的地区，灯光音响行业居世界一流，拥有核心企业 600 多家，从业人员约 12 万人，年产值超过 100 亿元，集聚了浩洋灯光、锐丰音响、珠江灯光等国内 35% 左右的灯光音响生产企业，占全国灯光音响设备产值的 48% 份额。2021 年，全区灯光音响产品出口额达 50 亿元。此外，番禺区在动漫游艺设备生产已有近 30 年发展基础，商用游戏机产品已占据全国 60%、全球 20% 以上的市场份额。据广州市番禺动漫游艺行业协会不完全统计，行业生产总值近 100 亿元，拥有华立科技、宝辉科技等各类动漫游戏企业近 1000 家，从业人员 5 万多人，其中新技术研发类企业有 50 多家，获文化和旅游部审核通过的机型机种达 3700 多种，占据国内总数的 85%。近年来，依托欢聚集团、虎牙科技等互联网龙头上市企业，着力培育发展数字文化新优势，虎牙信息的游戏直播平台市场占有量全国第一、世界第二，市值超 50 亿美元。YY 直播全球用户达 3.5 亿，海外业务遍布全球 150 多个国家和地区。

（三）发展规划

番禺区将继续以认定为国家文化出口基地为契机，加快实施基地建设方案，依托深厚的文化底蕴、良好的文化产业发展基础和文化对外贸易优势，继续坚持新发展理念，坚定不移扩大对外开放。力争到 2023 年，全区文化及相关产业增加值达到 330 亿元，实现年均 6% 左右的增长速度，占全区 GDP 的比重达到 12.8%；全区文化出口企业数量增加至 320 家，文化出口额（包括货物出口和服务出口）达 50 亿美元，每年同比增加 2%，文化出口引领支撑经济社会发展的作用更加明显。

1. 加大政策完善力度，充实市场主体作用。通过完善体制机制，加强统筹协调，整合各方资源，建立健全国家文化出口基地建设跨部门协调工作机制。持续完善文化产业系列扶持政策，支持文化出口企业参与重大节展，支持文化贸易总部企业发展和孵化平台建设，完善融资服务，优化营商环境，发展壮大文化出口产业规模。加快壮大市场主体实力，在珠宝设计、舞台灯光音响设备、游艺动漫装备、动漫游戏、创意设计等对外文化贸易主要领域，培育具有国际竞争力的本土文化出口企业。继续发扬原有国外市场优势，充分利用商协会等资源和本地直播优势，强化虎牙、YY 等国际直播平台引领作用，加快推广应用 5G、VR、AR 等新技术，引进直播电商产业链条和建设珠宝产业直播电商基地，大力拓宽国际市场。

2. 创新引领发展内生力，拓展多元化国际交流合作。鼓励创新贸易方式，将创意设计、文化元素融入出口产品的设计、研发、品牌策划、营销推广等环节，推动出口产品向产业链两端延伸、价值链高端攀升，提升出口产品创新创意价值。依托我区珠宝文化出口活跃优势，积极开展珠宝产业数字化转型工作，支持由广东省珠宝玉石交易中心牵头打造珠宝工业互联网平台，鼓励打造珠宝产业定制中心，推动珠宝产业转型升级，丰富珠宝产业业态。加快发展文化创意等新兴产业，鼓励跨境电子商务、智能装备和机器人等新业态发展。依托国家文化出口基地建设，大力发展服务贸易和服务外包。充分发挥文化引领作用，坚持“走出去，引进来”战略，加强与国际友好城区的文化互动，引导区内文化企业开拓国际市场。持续办好珠宝行业知名活动，组织珠宝企业参加国际性比赛，大力发展番禺珠宝旅游品牌，建立国际化品牌形象。依托泛珠三角区域合作和粤港澳文化交流合作平台，发挥番禺区优势，全面深化粤港澳台文化交流合作。

二十二、海南省海口市复兴城互联网信息产业园国家文化出口基地

海口市复兴城互联网信息产业园以“互联网+”和“大众创业、万众创新”为发展主基调，在自由贸易港政策的扶持下，以数字贸易、智能物联、金融科技和国际创新四大产业链为主导发展数字经济产业，为园区专业化发展提供了专业化解决方案。基地依托“互联网+”产业发展基础，以文化手段赋能基地文化贸易发展，打造自由贸易区文化出口新高地。

（一）发展现状

海口市复兴城互联网信息产业园是在2015年国家提出“互联网+”和“大众创业、万众创新”国家战略的大背景下，由“省、市、区三级政府+民营企业”模式启动共建的产业园区，是海南自由贸易港11个重点园区之一，是自由贸易港政策的主要承接地和先行先试“孵化器”，是以数字贸易、智能物联、金融科技和国际创新四大产业链为主导的数字经济产业专业园区。

园区分为一区复兴城互联网创新创业基地和二区复兴城国际数字港。一区位于滨海商业圈的万绿园、世纪公园、滨海公园三园交汇核心位置，占地78.6亩，建筑面积8万平方米，重点打造科技创新集聚区和互联网产业生态链。二区位于海口市文体和行政生活圈的西海岸南片区，规划面积256.8亩，总建筑面积约90万平方米，计划总投资100亿元，整体定位于打造自贸港制度集成创新先行区、数字经济总部集聚区、国际数据服务示范区。

基地构建起了涵盖影视制作、文艺创作、动漫游戏、创意设计、文化产品交易等文化产业上中下游的产业链。基地文化类企业有近300家，同时，

吸引了一批“互联网 +”文化企业落地，比如芒果 TV、完美世界、爱奇艺、映客、抖音、头条等。入驻企业作为中国文化和中国资源对外输出的重要平台和阵地，传递出了中国的信息和声音，是文化贸易的重要载体。

（二）主要举措

1. 完善政策保障体系，充实文化产业人才队伍。结合基地产业特色，在地政府为基地内企业提供税收贡献奖励、落户及成长奖励、研发经费支持等奖励型、补助型经费支持。此外，在文化出口方面，在地政府配套建立了较为健全的政策体系、制度保障，为基地内入驻的文化企业发展保驾护航。

2. 加大基础配套投入，发挥“双区”驱动优势。基地依托海南自贸区建设大背景，多次成功举办电视、电影、互联网媒体等领域国际、国内外盛会，在文化产业领域颇具影响力。通过系列节会活动的组织、承办，基地在文化出口贸易方面积累了较为丰富的经验，树立了良好的品牌形象，打响了品牌知名度，为基地出口平台的构建奠定了良好的基础。基地在保障企业用地、人才保障用地、生产用地等经营性用地的同时，在生活配套、运动休闲、商业配置方面，以公园、创业餐厅、便利店、绿色休闲跑道、运动场、高尔夫练习场、五星级酒店、国际公寓、购物中心等多元化配置保障基地生活所需，为基地内人才生活提供了良好环境。

（三）发展规划

海南省海口市复兴城互联网信息产业园国家文化出口基地将从四个板块去探索文化贸易的“海南模式”，目前正加快付诸实践。

第一板块是通过海南的低税赋吸引全球芯片设计、建筑设计、影视设计、奢侈品创意设计等各类设计人才，把海南打造成国际设计岛，再把这些优秀的设计成果和品牌输送到全球。

第二板块是游戏“出海”和动漫“出海”。中国很多游戏，比如越南、东南亚等地区非常风靡的武侠类、三国类游戏，都来自中国文化，通过游戏的表现形式，能够把中国的文化输送到海外。

第三个板块是助力海南做大影视产业。海南岛绝美的自然风光使其成为许多影视作品的取景地，海南作为拍摄胜地，有助于宣传中国文化和海南特色。

第四大板块是海南重点发展的数字贸易。海口市打造数据跨境安全有序流动枢纽，建设国际数字贸易港具有非常好的优势和条件，随着不断的探索和相关政策落地，未来境外和境内很多非常有价值的数据，能够在海口市进行加工、处理、输送，基地致力成为国际数据产业落地的平台。

基地的发展规划聚焦在以下两方面：

1. 新战略——“十四五”规划，打造千亿级数字经济产业集群。“十四五”期间，基地将同步于自贸港建设的总体规划和产业需求，结合后疫情时代的行业升级和变革，调整优化发展策略，从注重对 GDP、税收等经济贡献转为更加注重培育创新创业企业，从注重企业数量转为更加注重基地从业人数，推动基地数字经济产业高质量发展，重点发展以数字贸易、智能物联、金融科技和国际创新四大产业链为核心的数字经济产业集群，每个产业链按照“出台一项制度集成创新方案、合作一支市场化投资基金、引进一家龙头企业、建设一个公共服务平台、集聚一批生态链企业”的“五个一”措施进行培育和打造。力争 2025 年产业规模超过 2000 亿元，入驻企业超过 5 千家，入驻员工超过 5 万人，外资企业超过 500 家，高新技术企业超过 300 家。

2. 新载体——复兴城国际数字港90万平数字经济综合体。复兴城国际数字港是支撑未来五年千亿产业规模的重要空间载体，项目规划面积256.8亩，总建筑面积约90万平方米，计划总投资100亿元。新园区将以“智慧园区”和“产业社区”理念进行规划建设，在更加注重产业发展资源整合引入同时，加强公寓、学校、超市、商场、电影院、餐饮等生活配套和娱乐设施建设，并高标准建设智慧园区，形成产、学、研、住、商、娱为一体，全面感知、广泛连接、主动服务、智能进化的超大空间规模的智慧型产业社区。

海南省海口市复兴城互联网信息产业园国家文化出口基地以海南自贸区建设为大背景，整合自贸区建设优质政策资源，大力引进文化互联网头部企业落户基地，为基地文化出口贸易提供了强劲的输出动力，展现了基地产业特色。

二十三、中国（河南）自由贸易试验区开封片区国家文化出口基地

中国（河南）自由贸易试验区开封片区自获评国家文化出口基地以来，利用自贸试验区与国家文化出口基地双重优势，积极探索文化出口发展路径。联动中部四省文化出口基地协作共进，为区内文化企业搭建良好平台，落实各项政策执行力度，保障文化企业文化出口业务顺利开展。

（一）发展现状

2021年，中国（河南）自由贸易试验区开封片区国家文化出口基地文化及相关产业市场主体为3128家，占片区整体的47.32%，同比增长12.72%。文化及相关产业注册资金329.09亿元，占片区整体（1075.05亿元）的

30.61%，同比增长28.10%。在商务部服贸司大力支持下，2021年10月20日，开封片区联合安徽省合肥市蜀山区、湖南省长沙市、江西省景德镇市、湖北省武汉东湖高新技术开发区、湖南省醴陵市6个中部地区国家文化出口基地，就推动中部国家文化出口基地共建发表了《开封宣言》，达成了深化制度创新合作、优化产业生态融合、加强文化产品交流、完善智库合作、加强文化贸易人才培训教育等五大共识，共同推进中部地区文化产业高质量发展。

（二）主要举措

基地通过加强组织领导、强化统筹协调、打造平台载体、培育融合业态等方式着手基地文化出口工作建设，以区内在地文化企业实际需求为出发点，完善服务保障体系，积极推进各企业文化出口工作，擦亮试验区文化名片。

1. 推动多级协作机制建设，完善制度保障体系。试验区通过成立工作推进专班机制，建立全市协调推进开封片区文化产业国际化领导小组，统筹推进国家文化出口基地建设。先后成立开封片区文化产业国际化发展办公室、国家文化出口基地建设专班等，片区领导亲自挂帅，主管领导具体负责，细化完善推进方案，加强国家文化出口基地建设发展工作。通过制定产业政策规划，引导文化产业重点发展方向，先后制定了《中国（河南）自由贸易试验区开封片区文化产业对外开放与创新发展先行示范区建设实施方案》（豫自贸办〔2021〕3号）、《自贸试验区开封片区国家文化出口基地建设方案》等工作方案，明确路径、细化措施，推动在文化产业数字化、文化金融、文化科技、文化跨境电商、文化艺术品交易等方面，构建与国际通行规则相衔接的促进、服务和监管体系，系统推进特色文化产业发展工作。

2. 建立优质平台，促进资源集聚。开封片区立足文化资源优势，规划推进“一仓一园一谷一中心”（一仓：河南自贸区国际艺术品保税仓；一园：国家文化出口基地双创园；一谷：文创艺谷；一中心：开封•自贸试验区国际艺术品交易中心）构筑文化产业发展集聚地。“一仓”依托艺术品保税仓，打造国际艺术品交易中心；依托中央美术学院，合作建设全球艺术品市场大数据中心；对接保利、嘉德、荣宝斋等国际国内顶尖拍卖行，探索和发展国际艺术品展览展示、交易拍卖、线上拍卖、评估鉴定、保险金融等服务。“一园”聚集一大批具有创新型、国际化的文化出口企业，形成具有中原文化特色的复合型文化产业集群，真正意义上表达“创新性转化，创造性提升”的双创概念。“一谷”以发展创意设计、文化传媒、文化金融、文化贸易等业态为重点，规划建设国际文化产业园以数字文化、数字版权、文化贸易三大板块为发展方向，建设国际性的“商业 + 文化”综合体；规划建设国际艺术品博览中心，以“艺术品 + 金融”为亮点，立足开封、辐射全国。“一中心”以中国（河南）国际艺术品保税仓为基础，依托开封综保区建设国际艺术品交易大厦，培养一大批文化类出口企业，形成产业聚集，以“文化 +”为产业主题，围绕构建文物艺术品产业“创作 (回流)+ 展示 + 交易 + 品牌孵化 + 传播 + 金融”等全产业链环节，打造文物艺术品产业一站式服务平台，形成成熟的文物艺术品交易、文物艺术品仓储物流、文物艺术品展览展示、文化创意产业、艺术品金融服务和相关配套服务保障等六大功能体系；建设覆盖艺术品交易全产业链的交易中心。

3. 持续推进跨界融合发展，打造特色优质新业态。片区以艺术品交易产业全产业链配套为抓手，不断完善配套服务体系。2020 年 7 月建立中部地区第一个艺术品保税仓，与中央美院、中国艺术品保税产业中心等联合发起中国自贸试验区国际艺术品交易联盟、黄河动漫产业发展联盟等行业联盟；

2021年引入亚洲艺术联盟，设立开封三确司法鉴定服务有限公司，与中检集团合作成立中检•河南自贸区艺术品鉴定中心；2021年10月17日，“以古闻名，以鉴会友”中国检验认证集团全国首场鉴宝会在河南自贸区国际艺术品保税仓举办，共鉴证600余件艺术品。在“文化+金融”方面，片区依托中原银行等金融平台，以艺术品保税仓为基础，开发了针对中小微文化企业的专属艺术金融信贷产品“原艺贷”“艺分期”“河南省文化旅游融合发展基金”等，纾解中小文化企业资金不足的困难。片区积极探索“文化+科技”的融合发展模式，以创新激活企业内生动能，推动开封•中关村智酷人才与产业创新基地建设，以数字文化产业集群为导向，探索数字文化产业高质量发展。此外，片区不断提高对外文化交流水平，以节展活动为契机，连续三年举办“国际文化金融与贸易论坛”“数字文化大会”“中国（开封）动漫节”等，持续探索搭建高规格、高品位的文化交流合作平台。

（三）发展规划

下一步，开封片区将以商务部、中央宣传部等17部门联合印发的《关于支持国家文化出口基地高质量发展若干措施的通知》为指引，积极探索打造高质量国家文化出口基地建设，实现文化出口贸易额稳步增长。

1.“搭台唱戏”推广优秀传统文化，打造对外文化贸易制度新高地。依托开封文化资源深厚底蕴，加大与中国文物交流中心、文物交流智库中心等合作，加快打造“国有博物馆文物藏品征集平台（试点）”，做实“中检•河南自贸区艺术品鉴定中心”业务及丰富艺术品全产业链服务项目。重点推进海外文物艺术品交易回流、交易交流机制建设，与文博行业各机构携手，发挥各自专业优势，开展文物交流展，推动各博物院馆之间的馆藏文物交流。

加大国际市场开拓力度，在深入研究海外市场需求和文化认同的基础上，布局“一带一路”沿线等重点国别和地区，打通与中东文化艺术交流渠道，将世界艺术品交易中心直接与国内连接，推动非遗文创产品在海外展销，主力对外文化贸易高质量发展，进一步提升中原文化的国际影响力。以国际国内对标为基准，找准产业发展核心要素；以产业制度创新为核心，探索链条式的创新机制；以企业经营周期为纽带，补全企业经营创新盲点；以全国首创与先进经验结合，双循环打造制度创新高地。从国际先进制度创新经验与国内先进制度应用经验出发，探索首创型制度创新与借鉴型制度创新两大方向，双循环推动开封片区制度创新。

2. 优化营商环境，推进产业升级发展。片区将聚焦创意设计、文化传媒、文化金融、艺术品交易等重点领域，坚持数字赋能、政策赋能、平台赋能，加快创新文化出口促进机制，提升文化贸易发展动能。另一方面积极探索体制机制创新，在制度层面为文化出口企业营造良好的发展环境。加大金融扶持力度，文化企业大多具有轻资产、高人力投入属性，利用好相关政策，切实解决企业融资难、融资贵问题，助力基地内企业做大做强。夯实文化产业发展基础，吸引文化产业上下游企业加速聚集，尽快形成规模效应，利用数字技术赋能文化产业；结合文化产业国际化的特色功能定位，继续加强文化要素与科技要素的融合；进一步做强特色文化产业与文化贸易，不断扩大中医药文化、文化金融、文化设计等新兴文化服务领域的出口规模，提升高科技、高附加值文化产品出口占比，形成一批开封标志性的文化产品和服务贸易品牌。

二十四、中国（山东）自贸试验区济南片区国家文化出口基地

中国（山东）自贸试验区济南片区国家文化出口基地积极服务和融入黄河流域生态保护和高质量发展国家战略，依托黄河流域开放门户城市的区位优势，发挥自贸试验区与综合保税区叠加的政策创新优势，深度挖掘黄河文化蕴含的时代价值，以获批国家文化出口基地为契机，通过搭建公共服务平台、创新文化出口模式、拓展海外推广通道，在全国首创文化企业文化出口全链条服务体系，打造黄河流域中小文化企业创新发展生态，讲好“黄河故事”，向世界传播中国声音。

（一）发展现状

2021 年中国（山东）自贸试验区济南片区国家文化出口基地吸引黄河流域 167 家中小文化企业集聚发展，服务 500 余家中小文化企业文化出口，有关创新做法被国务院自贸试验区工作部际联席会议办公室在全国推广。基地依托自贸试验区对外开放和制度创新优势，大力开展模式创新、服务创新、制度创新，实现规模以上文化企业 65 家，营业收入 80.7 亿元；2021 ～ 2022 年度入选国家文化出口重点企业 4 家，国家文化出口重点项目 1 个，有力推动新时代文化贸易产业高质量发展，发展动能不断增强，集聚效应逐步显现。基地在基础设施建设上大下功夫，已建成 6000 平方米的孵化空间，为中小文化企业开展品牌创意、展览展示、商务洽谈等提供场所，吸引企业在片区集聚发展。在商务部服务贸易创新发展引导基金的支持下，基地与招商局资本合作设立规模 10 亿元的国内首支文化服务贸易基金，首期 5 亿元已成功落地，该基金旨在降低文化企业融资成本，助力在地文化产业良性、有序发展。

2021年基地新招商入驻企业超过120家，在全球共设有6个品牌展示中心、9个海外文化贸易中心、14个海外仓，通过加强与全球知名企业机构合作，加大海外市场拓展力度，切实推动开展黄河流域文化品牌系列推介、品牌入驻以及产学研合作，打通文化企业“走出去”渠道。

（二）主要举措

中国（山东）自贸试验区济南片区采取“平台支撑＋龙头带动＋产业培育”三位一体发展模式，依托龙头企业山东同程尚品文化传媒有限公司构建集文化创意、品牌孵化、供应链金融、海外推广于一体的文化贸易产业全链条服务体系，发挥自贸试验区、综合保税区“双区”叠加优势，打造黄河文化“走出去”通道，创新文化贸易产业生态。

1. 主动作为，积极探索多元化融合发展新模式。依托片区指示产权保护中心，开展国际商标注册、海外维权等综合服务，集聚片区260多家跨语言服务企业，建设全球跨语言服务中心，提供国际标准的本地化服务。基地积极探索“文化＋跨境电商”出口新模式，为中小文化企业提供线上订舱、入区集货、堆场预约、企业通关、政策申报等综合服务，吸引大量中小文化企业通过中欧班列开展文化出口业务，充分发挥中欧班列稳定开行、运量大、价格低、通达国家（地区）多等优势，实现中欧班列与跨境电商融合发展，带动文化产品跨境电商出口。此外，基地积极与亚马逊、阿里国际等知名跨境电商平台合作共建“多频道网络直播中心＋精品店＋海外仓”的全新海外通道。利用大数据精准分析境外消费者消费习惯及需求，美国纽约、日本东京、法国巴黎等城市新建6家品牌展示中心，与东京银座、首尔乐天合作建设2家海外精品店，推动2000种文化产品成功进入日韩市场，在英国伦敦、意大利米兰、奥地利维也纳等建设9个海外文化贸易中心，在德国柏林、意大利罗马、匈牙利布达佩斯等布局14个海外仓。

2. 勇于尝试，加快完善展示中心建设工作。通过运营企业山东同程尚品文化传媒有限公司，整合国家和地方文化产业资源，积极推进文化企业和文化品牌入驻。目前，基地已在济南章锦保税区保税大厦设立三层展示办公空间。其中，一楼为品牌展览展示中心、新媒体直播中心、品牌建设中心、设计产业链等功能区域，参展品牌106个，参展商品2000余件；二楼为文化贸易全链条服务中心、东方色彩研究院、基金办公室、指示产权注册管理处等综合办公功能区域；三楼为海外精品专卖店、国家馆、产学研基地、地区代表处等功能区。通过展示中心建设工作，已汇聚30余位工艺美术大师、10余支知名艺术家研发团队和70余家青年设计师团队入驻，以工作室设计生态线模式为主轴，为入驻企业提供文化品牌提取与研发、产品创意设计、色彩与包装设计、空间标准化建设等全链条服务。

3. 敢于破局，切实提升品牌价值体系建设。基地加强海外渠道建设，畅通文化出口通道，加强入驻企业招商和日常建设运营服务工作，认真筹备组织各种展览、会议和接待活动。通过组织承办沿黄九省特色刺绣联合巡展、文博会分会场、“黄河物语”陈列展等活动，进一步展示基地及在地文化企业风采。通过与梅兰芳纪念馆合作打造“梅兰芳彩妆”品牌；与日本谢迪集团合作打造“黄河物语”品牌；与传统手艺人合作打造“青蓝坊”“君子不器”等品牌，构建起了集博物馆文创、戏曲文化、民族服饰、国朝玩具等系列文化贸易新型业态。同时，基地与深圳大学、山东建筑大学、山东工艺美术学院等高校深入合作，打造产学研基地，为入驻企业提供全链条服务，实现文化出口产品标准化运营管理，切实充实了基地品牌内涵，提升了品牌价值，打响了品牌名气。

（三）发展规划

中国（山东）自贸试验区济南片区将以“制度创新、金融创新、贸易创新”方式切实推动对外文化贸易产业高质量发展，以“新品牌、新模式、新格局”探索对外文化贸易产业发展新路径，进一步发挥自贸试验区开放新高地引领作用，积极推行高水平对外开放。

1. 打造极具国际竞争力“黄河文创”产品，开拓高质量文化贸易产业发展新业态。基地力争培育形成黄河流域中小文化企业文化出口赋能发展平台，计划引进中小文化合作企业 60 家、培育 200 多位青年文创作者，打造对外文化贸易企业集聚生态。同时，加强文化贸易产业创新，推动文化数字化转型，探索文化贸易发展模式和标准体系；加强与海外团队合作，为国际文化市场增添更多中国元素，培育更多国际知名的、具有中国气派、全球畅销的中国文化品牌。

2. 创新引领平台建设，打通文化出口全链条渠道。通过整合文化设计、品牌孵化、传统手工艺资源等，推动“文化＋科技”融合发展，聚焦传统文化符号提取转化，重点以山东博物馆、敦煌博物馆等为代表的博物馆文创；以黄河流域为主的国内代表性城市特色文创产品，培育形成一批历史文化底蕴深厚、品牌影响力大、彰显地域特色的传统文化创意品牌。以 VR、AR 技术为基础，重点发展动画制作、网络游戏、场景应用等系列服务体系，通过欧亚运贸集结中心为中小文化企业提供全新发展路径。

3. 完善政策体系，提升服务质量。中国（山东）自贸试验区济南片区将继续围绕讲好“济南故事”“黄河故事”，以制度、政策体系创新为切口，根据商务部、中宣部等部委指导思想完善自身产业政策，认真落实、用足用好国家和省、市支持文化贸易产业发展的各项政策，加大对中小文化企业支持力度。积极争取商务部支持指导，充分发挥中国（山东）自贸试验区济南片区历下区、高新区、历城区三区比较优势；充分发挥中国（山东）自贸试验区济南片区与高新区、综保区“三区叠加”优势，做强做实多级联动工作机制，提升片区服务水平，探索在创意设计、文化保税贸易、服务“一带一路”建设等领域形成经验做法，在更大范围复制推广。

二十五、江西省景德镇市国家文化出口基地

陶瓷文化是江西省景德镇市文旅产业的优势、资源和财富所在。景德镇市按照建设国家陶瓷文化传承创新试验区的总体要求，充分挖掘文化特色和城市特点，着力推动文化产业和旅游产业高质量发展。基地旨在创新文化贸易发展的体制机制和政策措施，发挥集聚、引领和辐射作用，培育一批具有较强国际竞争力的文化企业，形成一批具有较强辐射力的国际文化交易平台，摸索一批适应文化贸易创新发展的模式和经验，带动文化贸易高质量发展。

（一）发展现状

2021 年，在江西省委、省政府的高度重视下，在江西省商务厅的指导下，江西省景德镇市国家文化出口基地以基地为载体，探索文化贸易创新发展模式，提升文化产业国际化水平，促进文化出口基地高质量发展。2021 年 8 月获评第二批国家文化出口基地，文化产业体系发展逐渐完善，其中各类陶瓷企业、作坊、工作室等文化创意产业实体 6773 家。全年全市对外文化出口额 26.2 亿元（包含供货出口），同比增长 30.2%。全市文化及相关产业增加

值 76.1 亿元，同比增长 10.2%，文化及相关产业增加值占 GDP 比重为 6.9%。

2021 年，全市规模以上文化企业 119 家，拥有自营进出口权企业 110 家，从业人数 10390 人，增幅 3.5%，新增“景漂景归”等各类创新创业人才 1.17 万名，培养技术性职业人才 5300 余名，培养新经济领域人才 3200 余名，带动上下游就业 4.2 万余人。

（二）主要举措

2021 年，江西省景德镇市国家文化出口基地围绕建设目标与任务，在加强组织领导、强化规划引领等方面打出“组合拳”，为基地建设高质量发展打下坚实的基础。

1. 以政策强服务，以市场促发展。基地在各级党委、政府、相关部门的关怀与指导下，加强组织领导，强化规划引领。研究制定了《景德镇国家文化出口基地建设方案》《关于加快文化产业发展的实施意见》，编制了《景德镇国家陶瓷文化传承创新试验区发展规划（2019 ～ 2035）》《景德镇市“十四五”文化旅游产业发展规划》，推进罗家机场迁建列入《中国民用航空发展“十四五”规划》，通过强化对全市文化贸易工作的指导和重大问题的统筹协调工作，推动了江西省景德镇市国家文化出口基地建设的有序开展。疫情期间，基地积极助企纾困，统筹疫情防控和经济社会发展，扎实推进“六稳”“六保”，设立景德镇金融法庭、景德镇普惠金融服务中心、中国银行陶瓷文化支行、景德镇陶瓷交易所等机构，下辖珠山区与五大国有商业银行等金融机构合作，进一步扩大“景漂贷”“版权贷”“人才贷”等信贷产品惠及面，新增双创贷款 4.2 亿元，7 家企业成功申报江西省数字文化创意设计产业扶持项目。

2. 电商助推陶瓷发展，打造瓷都特色文化品牌。景德镇市获国务院批复设立跨境电子商务综合试验区，陶瓷电商全国领先，陶溪川直播基地引入抖音总部全国陶瓷直播产业带，入驻总数达3257家，实现线上营收1100万元/天。景德镇国控集团与北京快手科技有限公司合作打造快手景德镇创新发展中心，景德镇陶瓷集团与天猫携手打造“国瓷馆•天猫直播基地”。据统计，全市陶瓷直播电商年交易额达70亿元左右，占全国陶瓷直播电商交易量的70%左右。

3. 以展促贸，增强品牌国际影响力。基地精心筹备举办第十八届中国景德镇国际陶瓷博览会，组织企业参加2021年中国国际服务贸易交易会，出席国家文化出口基地论坛，把握交流合作机会，拓展服务贸易国际合作新空间；参与中国（北京）国际精品陶瓷展览会，集中展示国家试验区建设和陶瓷产业高质量发展的成果；精心挑选350件作品参加第十届“大地杯”中国陶瓷创作与设计大赛，其中186件作品获奖，102件作品获得金奖，获奖率达53.14%。此外，基地举办景德镇•上海瓷语交流展、传承与创新•高温陶瓷釉下彩工艺展，联合主办陶瓷版权作品展。其中，瓷博会邀请来自15个国家的驻华境外采购商参会，实现总交易额91.45亿元，同比增长53.82%；线上交易额79.3亿元，同比增长53.5%；线下交易额12.15亿元，同比增长55.76%。线下观展达到50.68万人次，成功签约一批总额466亿元重大投资项目，同比增长130%，带动文旅商贸消费28亿元，同比增长57.2%。中国景德镇国际艺术陶瓷拍卖会共202件拍品参与拍卖，总成交131件，成交率64.85%，成交额创历届瓷博会拍卖会新高。

（三）发展规划

下一步，基地将继续致力于基地建设，通过健全工作机制，优化文化产业营商环境；育强企业平台，完善文化产业主体体系；创新贸易方式，促进文化国际交流；健全扶持体系，强化文化产业支撑体系等为抓手，完善各类服务保障体系建设，促进基地内文化企业有序发展。

1. 加大政策健全力度，保障企业稳定发展。基地将通过统筹用好财政资金政策，支持完善公共服务体系，探索建立文化产业发展引导资金，充分发挥政府财政资金杠杆作用，激发社会资本、金融资本和国有资本在景德镇市文化领域的投资活力。加强金融服务体系建设，引导银行金融机构加强对景德镇市文化企业的融资支持，创新金融产品和服务。推动落实国家对服务出口实行零税率或免税政策，鼓励扩大景德镇市文化产品和服务出口。推动落实《景德镇市“3+1+X”产业人才发展实施办法（试行）》《景德镇市“3+1+X”产业人才发展十条政策》，强化人才保障机制。着力推动将基地建设纳入景德镇市目标绩效考核体系；推进文化主管部门权力清单和责任清单制度，精简文化行政审批事项和程序；建立文化产业项目定点联系帮扶制度，完善文化市场监管机制；建立文化出口重点企业名录、重点项目库和重点企业联系制度，畅通部门与企业联系渠道，及时协调企业发展中遇到的问题和困难。

2. 创新引领搭建优质平台，完善文化出口贸易交流双机制。基地将切实加强文化市场活动企业主体的引进、扶持、培育和壮大工作，实施陶瓷品牌发展战略。进一步扩大“景德镇”“红叶”“龙珠阁”等老字号影响力，打响一批具有核心竞争力的自主品牌；支持“专、精、特、新”陶瓷文化创意企业，孵化一批有市场发展潜力的小微陶瓷文化企业；加强对陶瓷名企名匠的宣传推介，强化提升文化产业平台建设；推进陶溪川文创街区等一批国家级、省级特色文化产业示范园区（基地）建设，做强国家日用及建筑陶瓷工程技术研究中心等国家级创新平台，提升基地辐射能级和示范作用。着力推动设立海外陶瓷产品仓，不断提升景德镇品牌的国际认可度。引进国内外知名经纪、拍卖、画廊等机构，拓展艺术陶瓷贸易渠道，建设国际营销服务网络；积极发展陶瓷跨境电商，重点建设国家级跨境电商综合试验区，在物流、仓储、通关等方面进一步简化流程、精简审批，推动国际贸易自由化、便利化；实施陶瓷文化“走出去、请进来”战略，用好联合国海陆丝绸之路城市联盟等平台，举办好2022年第十九届瓷博会、第十二届中国陶瓷艺术大展等展会，促进交流合作，构建文化出口贸易交流双机制。

二十六、湖南省醴陵市国家文化出口基地

2021年，湖南省醴陵市国家文化出口基地建设围绕提高文化软实力，增强文化影响，延伸产品价值链，打造产业新引擎，加强顶层设计，突出机制建设，提升服务水平，基地建设取得较好成效。

（一）发展现状

醴陵市位于湖南省东部，地处“一带一部”的交汇点，湘赣边区域合作示范区的核心区。总面积2157平方千米，总人口106万。醴陵之名早于秦始，东汉置县，两千余载未易其名。历史厚重、科教昌荣，获评“中华诗词之乡”。因盛产陶瓷和花炮，在国内外享有盛名，是世界釉下五彩瓷原产地、中国“国瓷”“红官窑”所在地和花炮祖师李畋故里，是“中国陶瓷历史文化名城”“中国陶瓷之都”“中国花炮之都”。醴陵是全省率先使用天然气，唯一同时拥有海关、铁路口岸和内陆港口的县市。2011年，醴陵获批国家首

批外贸转型升级陶瓷示范基地，县域经济与县域综合发展位列全国百强第 45 位，综合实力稳居全省四强，居全国工业百强县市第 77 位。

至 2021 年底，醴陵全市有文化企业 835 家，文化产业从业人员 12.2 万人，占从业总人数的 19.3%，实现文化产业总产值 290 亿元，增加值 119.2 亿元，占全市 GDP 比重为 13.9%，文化产业出口额 15.4 亿元，占全市外贸出口总额比重的 37.6%。

（二）主要举措

一直以来，醴陵市坚持以文立市，以文兴产，以文促旅，积极探索文化产业发展长效机制，形成了传统产业、创意设计、文旅产业、展会展览等成体系产业链。

1. 建立健全多级联动机制，注重市场主体培育。市委、市政府高度重视文化产业培育和发展，坚持以文立市，以文兴产，以文促旅，大力推进文化与产业融合发展，积极探索文化产业发展长效机制，引导基地特色发展、错位发展，积极构建“政府 + 基地 + 企业”纵向联动工作机制和横向协作机制，成立了由市长任组长的基地建设领导小组。商务部门编制《醴陵市国家文化出口基地建设方案》，明确了基地发展定位和路径。依托基地实施重点文化出口企业培育计划，推动以陶瓷、烟花和文化旅游为主体的文化产业快速发展。2021 年新增文化市场主体近 200 家，其中陶瓷产业文化市场主体百余家。陶瓷会展中心、陶瓷小镇、陶瓷博物馆、一江两岸、李立三故居等特色项目加速产业集聚，彰显文化特色，品牌效应逐步增强。

2. 创新引领品牌建设，大力拓展文化出口海外市场。基地内企业陶润实业与大学、科研院所和职业学校合作，开发了深受市场喜爱的新品 1000 余种，实现了陶瓷行业技术新突破。华联、港鹏、裕丰等二十多个国内品牌逐渐成长为国际知名品牌。吉利烟花走出“互联网＋大数据＋烟花”的新型营销模式。引导企业参加线上文化交流活动，与德国、美国、芬兰、澳大利亚等国家企业线上交流达百余场次。在此基础上，充分发挥市场拓展平台作用，把“引进来”与“走出去”有机结合，2021 年有来自美国、加拿大、英国、瑞典、意大利等 20 多个国家的企业来醴考察陶瓷产业，感受陶瓷魅力。组织企业参加上海世博会、海南消博会、深圳文博会和中非经贸博览会等重大展会活动。推动陶瓷和烟花特色文化产品和服务“走出去”，促进了醴陵商贸、餐饮、旅游、文创等产业发展，“产业＋文化”发展模式推动了经济增效。基地积极落实市级领导联系企业制度，华联、恒茂、精陶、泉湘、吉利等重点外贸企业，均有市级领导和部门单位负责走访联系，时时掌握了解企业用工、产业链和供应链变化等情况，帮助企业及时解决问题和困难。

（三）发展规划

下一步，醴陵市将依托打造“三个高地”的重要机遇，全面推基地建设，提升外贸价值链，推动外贸经济高质量发展。

1. 加大市场主体培育力度，创新融合发展新业态。通过夯实文化产业发展基础，鼓励和支持小微型外贸企业发展文化出口业务，培育一批优势明显、潜力较大的文化出口企业，吸引文化产业上下游企业加速聚集，着力打造全体系、全链条、全配套的文化出口企业体系，尽快形成规模效应。同时，加快培育一批工业文化主题旅游、红色文化主题旅游、釉下五彩陶瓷文化旅游等新兴业态。积极利用数字技术赋能文化产业，运用云计算、大数据、物联网和移动互联网等新技术，依托湖南自贸区、长沙跨境电商综合试验区和株洲铜塘湾保税物流中心资源，建设文化出口跨境电子商务服务平台，为企业提供信息传递、仓储物流和国际融资等全流程服务。加大国际市场开拓力度，在深入研究海外市场需求和文化认同的基础上，在“一带一路”沿线等重点国家和地区加快文化产业国际化布局。

2. 完善保障体系建设，构建多元政策引导机制。各相关职能部门协同配合、高效联动，共同推进对文化出口基地方面的政策引导、信息共享、资源配套、项目共促及招商服务。建立考核评价制度，将文化出口基地建设工作纳入绩效考核。加大金融扶持力度，切实解决企业融资难、融资贵问题，助力企业做大做强。探索体制机制创新，建立湖南省醴陵市国家文化出口基地建设协调机制，拟订文化出口发展战略、规划、政策措施，指导和协助企业开拓国际市场，规范出口经营秩序，开展文化出口重点企业服务。进一步健全政府、协会、企业协同配合的文化出口促进体系，优化营商环境，在制度层面上使基地成为文化出口企业发展的沃土。

二十七、陕西省西安市曲江新区国家文化出口基地

陕西省西安市曲江新区国家文化出口基地是以文化旅游业为主导的城市发展新区，形成了以文化旅游业为龙头，集影视、创意、商业、电竞等为一体的全文旅产业链发展模式，为进一步建设国家文化出口基地奠定了良好的基础。

（一）发展现状

基地所在地曲江新区拥有文化企业 2.5 万户、规模以上文化企业 200 余家。近年来，曲江新区以打造文化产业全国“高地”为目标，构建文化产业

政策体系，先后出台了关于支持文化创意、文化金融、创新创业、实体书店、公共文化场馆、电竞、影视等20余项政策，引导产业聚集，激发新兴动能，完善服务体系，打造了涵盖文化创意、文化与科技融合、跨境电商等领域23家产业园区，形成了集影视、创意、商业、电竞等于一体的全文旅产业链，拥有国家级文化产业园区、基地、众创空间9个，省级21个，上市公司7家。曲江文投连续9年入选“全国文化企业30强”。曲江新区先后被评为首批国家级文化产业示范园区、国家5A级景区和国家级文化和科技融合示范基地。

（二）主要举措

曲江新区是陕西省、西安市确立的以文化产业和旅游产业为主导的城市发展新区，是西安建设国际化大都市的重要承载区，是原文化部授予的首个国家级文化产业示范区。

1. 加大政策投入，健全保障体系。基地所在地西安市先后发布《西安市加强文化建设促进文化旅游产业融合发展三年行动方案（2020～2022年）》《西安国际消费中心城市创建实施方案》等政策措施，完善文化旅游融合发展政策体系，强化对文旅市场主体的引导扶持，切实为文化出口贸易新平台建设提供了制度保障。

2. 以节展活动助推品牌建设，扩大文化消费市场规模。基地在地城市持续开展“中国年•看西安”、丝绸之路国际电影节、西安城墙国际马拉松、西安国际马拉松、西安国际音乐节、“一带一路”国际时尚周等品牌活动，丰富活态化、体验性的文旅消费内容，不断扩大消费规模。

3. 以龙头促发展，打造多板块特色文化品牌。基地通过打造英雄体育品牌推动电竞全球化；打造陕西国际陶艺文化交流品牌，建设陕西全球陶艺文化交流中心。自全球新冠肺炎疫情肆虐以来，英雄体育将更多的目光转向线上，举办了全球最多数量、品类和大部分最高规格的电竞线上赛事，为中国电竞在全球赢得了主要话语权；曲江富陶国际陶艺博物院以国际文化交流为契机，将“陶”元素通过国际交流赋予其新的内涵，演绎中国和世界现代陶艺文化的大融合。

（三）发展规划

下一步，基地将着手充实区内文化企业市场主体，进一步加强、完善政策及服务体系建设，加大国际文化贸易出口、交流支持力度，打造具有特色性、国际性、市场性的国家文化出口基地。

1. 提高站位拓展国际视野，强化市场主体建设促进产业发展。基地计划培育一批具有国际视野的双向型文旅企业，形成一批具有核心竞争力的文旅产品，打造一批具有国际影响力的文旅品牌。力争到 2024 年，全区文化及相关出口贸易额达到 6000 万美元，平均年增长 15% 以上，规模以上文化企业营收达 160 亿元，带动新增就业人数 5000 人。加大艺术创作投入力度，实现艺术作品出境展播 10 部以上，同步打造特色文旅产品，在全国入境旅游市场开放后，海外游客占比达 10% 以上。

2. 促进数字文化产业发展，搭建优质文化贸易平台。通过推动建设集版权评估、质押、投融资、交易、保护于一体的版权贸易平台，支持代表中国优秀文化、具有自主知识产权的版权产品进入国际市场，重点扶持具有中国特色的影视、出版、摄影、演艺等领域版权出口。及时为文化企业提供海外知识产权、法律体系及适用等方面咨询服务，支持文化企业开展涉外知识产权维权工作，研究开展知识产权价值评估工作。

二十八、湖北省武汉东湖高新技术开发区国家文化出口基地

湖北省武汉东湖高新技术开发区国家文化出口基地依托“双自联动”（自贸试验区、国家自主创新示范区）政策优势，坚持数字赋能、政策赋能、品牌赋能，强化融合创新，多措并举推动数字文化贸易创新发展，激发数字文化服务出口新动能。

（一）发展现状

湖北省武汉东湖高新技术开发区以文化贸易数字化转型为主线，推进文化科技融合发展，推动直播电竞、文漫影游、教育出版、创意设计、文化信息、文化消费终端等特色领域创新融合发展。集聚数字创意领域重点企业200余家、上下游产业链企业近500家，年营业收入约260亿元；数字内容、数字娱乐、文化传媒、数字营销、智能研发、网络视听等新模式新业态蓬勃发展。北辰•光谷里等园区聚焦二次元、电竞领域，突出文化科技融合创新主题，打造数字文化消费场景体验地，集聚效应明显。

在数字技术推动下，2021年基地实现文化服务进出口总额28.05亿元，同比增长13%；动漫游戏影视领域出口6.7亿元；教育及数字出版领域出口额2.17亿元；创意设计领域出口1.89亿元，文化科技企业数量超过2000家。现已形成以动漫设计、游戏研发、数字营销、电竞直播为特色，涵盖视频制作、数字出版、VR/AR、创意教育培训等数字文化贸易发展格局。中国光谷创意产业基地先后集聚了近500家文化企业；北辰•光谷里聚集艺画开天、动游

科技等60余家知名企业；长江文创产业园聚集广电网络、上海泽涞、深圳茁壮、穆特科技、鲸升音乐等领军企业，聚合了数字娱乐、内容创作、文化传媒、数字营销、智能研发等创新业态。

（二）主要举措

湖北省武汉东湖高新技术开发区聚焦企业发展需求，完善支持文化贸易发展的政策体系，以政策引导培育市场主体，充分发挥市场发展主动性，激活区内文化企业发展动能。通过多元化金融手段，创新知识产权融资模式，助力文化企业发展，以实效带动区内文化企业稳步开展文化出口业务，积极推进文化出口各项工作高质量发展。

1. 完善服务体系，打造数字文化贸易国际品牌。湖北省武汉东湖高新技术开发区发布“强化知识产权保护十条”，首次支持企业购买海外专利保险，减轻企业应对海外侵权纠纷的负担。出台“互联网+”、文科融合系列政策，在资质认定、原创精品生产、品牌创建、示范工程建设、人才培养、文化出口等方面进行奖励，每年支持近100家文化企业，支持金额超1亿元。鼓励企业开展知识产权证券化，推出“基金投资+科技担保+创新孵化”综合金融服务，支持两点十分等企业获得融资1亿元以上。支持光谷创意产业基地、武汉大学科技园、华中师范大学科技园推进国家版权示范园园区建设；支持中国（湖北）网络视听产业园提质扩容，打造国家级网络视听产业园；创新推行人才注册制、积分制等引才模式，举办青年科学家计划、“楚才回家”等招才引智活动，帮助基地企业引进海内外中高端专业人才。通过成功举办中国数字创意科技展、斗鱼直播节、中国青年电子竞技大赛等一系列文化贸易促进活动，支持企业传承和弘扬中华优秀传统文化，创作推出一批思想性、艺术性、观赏性数字文化作品，打造文化贸易“光谷品牌”。

2. 以产业聚集带动发展，培育龙头企业激发产业活力。基地通过培育了两点十分、博润通、玛雅动漫等动漫设计公司，掌中互娱、哈乐沃德、微派网络等游戏开发公司，形成了以龙头企业示范引领、开展国际版权合作等方式开展国际合作。自 2020 年以来，十余部光谷动漫在中央电视台播出，两部动画大电影在全国院线上映，十余部动画网剧在各大动画视频网站播出。涌现了《冲破天际》《灵笼》《巨兵长城传》《木奇灵》《闯堂兔》等一批精品动漫并受到观众欢迎。此外，一大批数字创意作品和企业获得了金猴奖、星光奖、海豚奖等国家级政府、行业奖项和国际奖项。传神语联、斗鱼直播、盛天网络、福禄控股、艺画开天等一大批本土培育的文化企业逐步成为基地内中流砥柱。其中，微派网络、传神语联网、明捷科技、动游网络、多比特信息等 5 家企业入选国家文化出口重点企业。

3. 打造特色产品，助力全产业链融合发展。例如，在基地的引导下，传神语联融合发展，现已陆续推出了以数字文化出口内容服务为核心的各类产品，在音视频、网络文字、动漫游戏等领域进行广泛应用并取得了显著效果。传神语联始终坚持“技术驱动”战略，致力于人工智能、大数据等新技术与语言信息服务融合发展，首创以人工智能为基础的“语联网”平台，持续推动技术创新升级，不断创新语言服务模式，强化数字内容新场景拓展，实现了音视频译制精准高效。同时，助力动漫游戏产品文化出口，支撑网络文学作品国际传播，促进展会赛事活动更具“国际范”。

（三）发展规划

湖北省武汉东湖高新技术开发区国家文化出口基地将在原有发展基础

上，以“政策引领＋市场驱动”为核心，加强创新机制、人才机制、服务机制保障工作，推动区内文化企业健康、有序发展，切实提升文化出口产品、服务质量，打造一批具有国际知名度、美誉度的中国文化品牌。

1. 推动数字文化产业集聚发展。围绕高新区文化科技产业格局，推动特色产业集聚发展；以中国（湖北）网络视听产业园（光谷创意产业基地、北辰•光谷里、长江文创产业园）为载体，培育和引进一批数字媒体、短视频制作及网络视听服务类企业。

2. 办好办优数字文化品牌活动。持续办好中国数字创意科技展、中国青年电子竞技职业技能大赛等光谷数字创意品牌活动，推陈出新、优化升级，不断提升节展活动的知名度和影响力。

3. 培育数字文化出口主力军。开展文化出口企业重点监测，优化文化服务和产品出口统计体系。梳理重点文化出口企业，建立文化贸易重点企业信息库，加大支持和服务力度，促进企业做大做强。

二十九、浙江省浙江数字文化国际合作区国家文化出口基地

浙江省浙江数字文化国际合作区作为全国唯一的国家级数字文化贸易功能区，在浙江省商务厅和相关部门的指导下，依托浙江省文化产业和数字贸易独特优势，着重围绕动漫文创、网络文学、数字音乐、影视传媒、互动娱乐等数字文化产业进行布局建设。基地主体位于浙江省杭州高新区（滨江），按照“政府引导、市场运作、企业运营”的方式建设运营。合作区按照“510融合发展工程”开展建设，以构建数字文化贸易的工业化、数字化、标准化、国际化和融合化等五大体系，和搭建数字内容智创平台、人工智能表演动画

平台、数字文化产品智造平台、数字文化海外交易平台和版权保护平台等十大平台为核心，打造国内一流的数字文化贸易集聚区，为全国数字文化出口树立“浙江样板”。

（一）发展现状

自2021年8月入选第二批国家文化出口基地以来，浙江省、杭州市、高新区等各级政府便对基地建设予以了各方面的强有力支持，目前合作区运作已步入正轨，入驻了36家数字文化企业，拥有50多万分钟的多语言片库和近5万分钟数字内容年生产能力，出口100多个国家和地区。据初步统计，合作区2021年度文化产品和服务出口额超3800万美元，比2020年度增长约10%。2021年，成立专业运营公司，针对研发、运营、管理、贸易、招商、服务六大职能，设置运营管理、贸易促进、招商服务三大管理单元，由16名专职人员推进合作区日常建设、运营工作。在省商务厅指导下，积极完善信息动态发布机制，于2021年11月发布了第1号《基地动态》，开通了微信公众号等社交媒体账号，建立信息对外发布渠道。此外，合作区积极推进三年行动计划（2022～2024）和在地数字文化贸易扶持政策的调研、起草、论证等各项工作，支持数字文化贸易发展。

（二）主要举措

浙江省浙江数字文化国际合作区国家文化出口基地自授牌建设以来，积极主动探索，形成了以浙江中南卡通股份有限公司为代表的一批存量、储备重点企业，集聚了“之江一号”“版钉”等一系列重点出口项目。在围绕“走出去”平台建设方面，有以下主要举措：

1. 加大政策投入，进一步布局全球线下数字文化贸易服务网络和合作体系。完善译制配音、复录传输等贸易公共服务，与新加坡、马来西亚、加拿大、巴西、印尼、伊朗、俄罗斯等国专业机构进行了各种形式的交流沟通。

2. 整合国际动漫影视数字内容展会及国际播映平台资源。合作区携手数字内容企业，以线上、线下方式参加法国戛纳电视节、北美国际电视节、香港电影节、俄罗斯内容市场、上海国际电影节、法国昂纳西国际动画节、越南电视节、韩国釜山电影节、亚洲电视节等16场国际市场节展，以及中国国际服务贸易交易会、中国国际版权博览会等国际性贸易展览，不断拓展国际内容市场，开展文化贸易。

3. 积极探索数字化转型，落实“五大体系，十大平台”建设。目前，已建成具有自主知识产权、同类型亚洲最大的、国际领先技术的1000平方米级“之江一号”人工智能表演动画平台，已完成了两部网络动画片的拍摄任务，全面向动漫、游戏、直播企业开放商用。

4. 健全版权保护、流通机制。针对动漫游戏等数字内容产业版权确权、存证、维权、保护和授权、运营的现状，合作区积极利用人工智能、区块链技术，打造数字文化版权的登记、维权和授权平台——“版钉”数字文化版权保护平台，依托浙江省动漫产业学会等各级行业协会、学会、商会资源，由区块链头部企业——杭州趣链科技有限公司提供技术支持，利用飞洛印司法服务平台（与互联网公证、司法体系结合），合作构建一套行业领先、功能完备的平台，提供版权存证、侵权监测、链上取证、司法服务全方位版权保护能力，为动漫游戏、短视频和直播等类型的企业及作品提供一站式“区块链＋版权”保护解决方案。

5. 打造“数字资产＋知识产权”数字文化产业的价值模型。合作区积极推进数字资产的工业化、标准化、数字化，同时通过知识产权的流转，实现数字文化产业融合化和贸易的国际化。合作区持续推动数字平台升级，夯实数字文化贸易基础；持续搭建数字文化贸易平台，提升企业“走出去”能力。

疫情期间，联动区内企业克服不利影响，实现年度数字内容出口约 8 万分钟，出口额约 2100 万元，同比增长 15%；产品出口额约 1700 万美元，基本保持稳定。在原有数字内容库“扩容工作”基础上，拓展了海外版权库，专门代理海外版权人作品，同步带动国产作品销售。

（三）发展规划

2022 年，在现有各大平台运营基础上，浙江数字文化国际合作区将致力于进一步完善支持服务体系，实现数字文化出口额增长 15% 以上；进一步健全国际国内贸易体系，建设海外贸易站点 10 个，形成体系化运营。

1. 加大投入力度，持续扩大平台效应。着重围绕“一带一路”沿线、RCEP 成员国和重点贸易地区，推动服务站点建设，不断集聚数字文化企业、项目、品牌，持续扩大平台效应。构建“四库五流”（品牌库、企业库、项目库、人才库；品牌流、数据流、贸易流、现金流、信息流）发展机制，切实推动数字贸易量级扩大、提质增效，利用好浙江自贸试验区拓展区域杭州片区、国家数字服务出口基地、知识产权服务出口基地等政策叠加优势，完善合作区的数字产业和贸易支持政策与服务体系。

2. 提升数字内容国际影响力，讲好“中国故事”。合作区将积极利用在杭州召开的全球数字贸易博览会和中国国际动漫节等大型线下展会活动，加大国际推广力度，创新推广方式，打造国际性数字内容商务平台，展示中国数字文化贸易形象，树立国产数字内容新形象。依托“之江一号”“版钉”

两大拳头产品，深入推进“510融合发展工程”“三年行动计划”等发展路径，从数字文化产业和贸易的实际需求出发，从目标任务出发，细化、优化各大平台建设方案，主动稳妥落实、完成建设任务，以打造新载体等方式，积极推动技术研发和专家智库两大载体的建设，通过平台构建带动基地建设，推进合作区企业集聚，实现合作区产业、贸易规模高质量发展效应。

3. 创新驱动引领企业发展，着力营造良好营商环境。创新作为数字文化产业和贸易发展的核心驱动力，合作区将积极打造创新发展的环境，培养和集聚人才，加大研发投入支持力度，促进企业打造创新体系。通过加强与院校、研究机构的合作，联动企业研究院、博士后工作站等平台，建设数字文化产业研究院，加强数字技术在数字文化领域的创新应用研究；筹建数字文化产业创新联盟，推动团体标准、行业标准和国家标准建设，积极参与国际标准研究制订。此外，根据数字文化贸易发展需要，逐步引入数字文化技术研发、内容创新、产业和贸易专家团队和高端人才，完善数字文化人才的培养、引进、使用和评价体系，建立健全高素质数字文化产业和贸易人才队伍，实现人才可持续发展。合作区将致力于营造创新驱动的政策环境，加强对科技型中小企业、技术先进型服务企业、高新技术企业和出口重点企业的支持力度，支持引导企业加大研发投入，充分发挥企业的创新主体作用，为区内企业营造良好的营商环境。

第三篇

国际案例

一、美国

（一）文化出口战略特点

20 世纪以来，美国文化产业经历多年发展，产值达到国家 GDP 的 20% 以上，成为名副其实的支柱性产业。

从战略模式来看，美国文化“走出去”的模式是市场主导模式，高度依赖和遵从商业化、市场化推介战略和思维，是美国文化对外出口的显著特征。

美国作为成熟的市场经济国家，文化产业发展以及“走出去”都依据市场规律进行，政策、法律、税收、公共财政等具有重要影响但并不具有决定性的作用。官方出台的一系列知识产权保护政策、税收政策、就业政策和法律条款，以及各类商业企业、民间组织的努力都对其文化产业发展和文化出口传播、国家文化形象塑造，产生了间接性、全方位的推动作用和深远影响。在文化产业出口传播的战略方面，呈现出以下特点：

1. 构建自由的市场制度。美国政府采取了各种宽松、最大化减少规制的手段，打破了文化企业的行业垄断，促进了文化行业的良性竞争。美国政府鼓励文化企业在平等竞争的基础上，以兼并、重组的形式形成跨国文化产业集团。在面对国际市场的不确定性时，这些跨国文化产业集团能够在寻求资金来源、技术更新、先进管理方式的引进方面，做出快速反应，从而占据国际市场上文化竞争的主导地位。如美国 5 家大型跨国文化集团控制着全球的音乐制作。同时，随着美国经济生产和资本的集中，金融体系逐渐完善，银行资本与工业资本加速融合，形成许多大型金融财团。20 世纪 80 年代后，文化产业开始快速发展，其极高的利润率和商业价值吸引了众多大型财团的进入，提供了巨额资金，催生了众多跨国企业和产业集群的出现，加强了产业链的整合，使文化产业与制造业、建筑业、旅游业等行业逐渐融合，实现了文化产业的规模化、集约化、全球化发展。

2. 营造良好的竞争环境。美国政府对文化产业的管理以法律为基本依据，不对文化企业的经营管理进行直接干预，而是为文化企业的发展创造优良的外部条件。在经济全球化的发展进程中，美国的跨国文化企业坚持以国际市场为导向，采取全球化的经营战略，既能够从资金、技术、资源的全球自由流动中获益，使经济实力和技术实力更加雄厚，也能够按照市场规则不断扩大全球的销售市场。美国的文化产业巨头不但建成了自己的全球销售网络，而且控制了很多国家的销售网络，在全球化竞争中具有得天独厚的优势，从完整的产业链和庞大的跨媒体营销网中获得巨大利润。

3. 推动自由化的贸易主张。美国政府认同“文化即商品，商品即文化”的营销理念，无形中输出美国的文化观。因此，美国政府借助强大的经济和政治优势，推动美国文化产品进入国际市场。美国政府以所谓“贸易自由”为名，利用世贸谈判等方式，向他国施加强大的压力，要求他国更深层次地开放包括出版物、视听产品、版权和相关服务的文化市场。如在乌拉圭回合贸易谈判中，美国政府推动的文化贸易自由化主张和法国的“文化例外”观点发生了激烈的冲突，美国政府更是极力要求将广播、影视、演出等行业纳入文化市场开放的范围。同样，在我国加入世界贸易组织的谈判中，美国强烈要求我国开放文化市场、取消影视产品的进口配额，为其视听产品进入我国文化市场提供便利。虽然美国鼓吹自由贸易的政策在实践中因他国的强烈反对而受到了一定的限制，但还是取得了明显的效果，对美国文化“走出去”起到了推动作用。

4. 加强版权保护的国际合作。第一，为了促进文化产业发展和全球竞争力的提升，美国全面实施版权战略，加强版权保护。在版权立法方面，1790年就制定并通过了《版权法》；强调对数字化知识产权的保护，颁布了《反电子盗版法》（1997）、《跨世纪数字版权法》（1998）等，构建了保护范围广泛、内容详尽的法律体系。第二，美国还根据时代发展要求完善版权保护制度，不断修订《版权法》。此举免除了创作者的后顾之忧，激发了创作者的热情，使得美国不断涌现出更多具有国际价值的文化创意产品。美国在出口本国文化的过程中，不断完善保护文化贸易与知识产权的法律制度。对内为本国文化创意产业从业人员提供了良好的保障，为产出创意内容提供优秀的创作环境；对外则为本国知识产权保护赢取了更广泛的国际支持，为文化产业在海外的拓展提供了更全面的保障。

（二）文化出口重点产业

美国前国家安全事务助理兹比格涅夫·布热津斯基（Zbigniew Kazimierz Brzezinski）在《两个世纪之间：美国在电子时代的作用》一书中曾说：“罗马贡献给世界的是法律，英国贡献给世界的是议会民主政体，法国贡献给世界的是共和制的民族主义，现代美国贡献给世界的是科学技术进步和大众文化。”高度发达的当代大众文化是美国文化的主要成分和美国社会的主要文化形态。美国大众文化输出是对其政治文化输出的一种有效补充，是潜移默化影响他国大众意识形态的有效手段，是美国外交中的一种低代价、高效益的软资源。

美国大众文化涵盖范围非常广泛，包括以麦当劳、必胜客等为代表的饮食文化，以牛仔裤为代表的服饰文化，以美国职业篮球联赛为代表的体育文化，以苹果公司产品为代表的科技文化，以迪斯尼乐园为代表的体验式休闲文化，以好莱坞影片为代表的影视文化等。最为集中体现美国大众文化的产品是电影、电视、广播、流行音乐、报纸、杂志、畅销书等，也是美国文化出口的主要载体。

高度发达的大众文化已经成为美国现代社会的主要标志和文化形态。以电影为例，美国的电影生产总量只占世界电影产量的 6% ～ 7%，却占据了世界总放映时间的一半以上，全球正在放映的电影有 85% 来自美国好莱坞，而美国电影市场上外国电影的份额不足 3%。美国通过文化内容创新和文化科技创新的结合，不断增强其文化的吸引力，传播个人英雄主义、民主、自由等文化价值观，达到影响更多国际受众的效果。迪士尼等“巨无霸”公司拥有广大受众，原因之一就在于其不断地创新，来维持和扩大受众。从产品方面来说，美国的影视剧和音乐的产量及影响力始终处于世界领先地位，多年来美国电影艺术与科学学院奖一直是业界标杆，在获奖作品中，美国电影占据半壁江山；创作更容易被国际受众接受的文化新品。其次，融入更多科技元素是美国文化创新的重要方式。美国在科技领域首屈一指，不仅体现在军事、工业领域，在文化领域也遥遥领先，好莱坞很多作品之所以吸人眼球就是因为其融合了大量的现代科技成果，诸如迪士尼等公司，通过现代技术在现实中模拟电影场景，打造文旅新形态。截至 2020 年底，世界上已经建成 7 个世界顶级迪士尼乐园，14 个迪士尼主题公园。近年来，迪士尼集团游客量基本达到 1.5 亿人次以上，成为美国文化输出的主力之一。

美国文化产业经过多年的发展，形成了规模化、科技化、垄断化、国际化和市场化特点，造就了强大的国际竞争能力，由此决定了美国对外文化贸易的基本格局。

（三）文化出口中介载体

尽管美国没有专门出台文化政策的“文化部”，但美国国务院于 1961 年设立了美国教育及文化事务局（United States Department of State Bureau of Educational and Cultural Affairs, 简称 ECA）。ECA 以“促进共同理解（Promoting Mutual Understanding）”为宗旨，负责美国国务院公共事务中教育和文化国际交流项目。ECA 下辖的十多个文化、艺术、教育类对外交流项目，受众人群涉及政府官员、商界人士、学生、妇女等。

以音乐相关项目为例，美国音乐在海外（AMA）项目旨在推广新一代音乐推广大使，每年项目挑选 10 个不同流派的美国本土音乐演奏团体（或个人）进行为期 4 至 6 周的多国巡演，与全球其他音乐家和公民互动。AMA 项目参与者通过开音乐会、与其他国家当地音乐家的互动表演、讲座和演示、研讨会、爵士即兴演奏会和媒体采访等形式与国际观众充分交流。官方网站信息显示，该项目活动的重点是，为其他国家的年轻人或很少有机会接触美国音乐和表演者的民众提供亲身体验美国音乐的机会。自 2011 年以来，AMA 音乐大使已走遍全球 100 多个国家。

此外，ECA 还将美式英语视为美国文化载体之一，在美式英语的全球化传播上做出诸多努力，希望通过美式英语教学输出美国文化。ECA 下辖的区域英语语言办公室（Regional English Language Offices, 简称 RELOs）遍布于全球各地的美国使馆和领事馆。RELOs 意在促进美式英语在全球范围内的教学，包括与当地教育部门、大学机构和培训机构老师进行合作，制定英语语言相关的政策、提供培训项目、免费提供教学和学习资料等。同时，RELOs 不定期举办美式英语相关研讨会、交流分享会，针对美式英语的跨文化教学进行宣讲。

ECA 还设置了功能更为全面的美国文化对外传播实体机构——美国空间。美国空间是由美国政府支持的开放式美国文化中心，分布于全球 14 多个国家，数量达 600 多个。美国空间项目始于第一次世界大战后，旨在为外国民众创造沉浸式的美国文化环境。美国空间的设计类似现代图书馆，每年接待数百万访客。外国民众可以免费阅读美国书籍、观看电影和展示美国价值观的节目，了解美国文化和价值观。基于所服务社区的多样性，美国空间可分为三大类：美国政府直接管理运营的美国中心、主要位于拉丁美洲的独立运营的两国中心，以及一般位于图书馆或大学等各种地方机构内的合作伙伴空间美国角。

虽然美国空间由美国大使馆和领事馆进行管理，但最终由“美国空间办公室”负责为空间提供财务支持、战略指导、资源规划等，并负责培训其工作人员。办公室通过派驻区域公共参与专家实施美国空间在全球各地的工作计划。

在国家主导的文化传播载体之外，美国跨国传媒企业的全球化运营通过对外文化贸易实现了美国大众文化的全球扩张，跨国传媒体系的形成及其国际垄断地位为美国媒体赢得话语权，企业在文化产品的生产和传播过程中，在品牌打造、内容、技术和策略上，探索出了行之有效的方法，通过成熟的商业运作将美国文化成功推向全球。

如前所述，最为集中体现美国大众文化的文化产品是电影、电视、广播、流行音乐、报纸、杂志、畅销书等，多样化的载体通过跨国传媒企业的运营传播美国文化，成为美国对外传播本国文化的主要方式。以美国动画电影为例，美国出产的动画电影不仅是本国文化、价值观的重要传播载体，同时具有转换他者文化、在世界范围内持续输出自我价值体系的功能。美国文化尤其是大众文化的制造者谙熟市场传播运行途径，美国动画电影等影视作品理论的建构基于“作品的世界性”，除了意识形态以外，从市场角度满足了世界各地不同文化背景下观众的需求。有学者指出，美国国内的多元文化背景——种族、阶级和地区的多样性，使得包括电影在内的传媒作品想尽办法试验能够吸引观众注意力的方式和内容，这种诉诸多元文化的做法“被证明也是能够在国外对各个族裔的人产生吸引力的一种方式”。这些由多元文化催生的产品，既满足了不同族裔的文化需求，也显示了产品的“世界性”定位，是成功在世界范围出口文化的范例。

（四）经验总结与借鉴

美国的文化出口战略在多个方面都可以为中国文化出口基地提供借鉴和启示：

1. 多元化推广

美国文化出口产品十分多元化，涉及电影、音乐、电视、游戏、出版等领域，旨在满足各种国家和地区的文化需求。借鉴美国文化出口战略的多元化特点，我国文化出口基地可以将重点放在多种类型的文化产品上，满足不同国家和地区的文化需求。

2. 商业化运作

美国文化出口战略注重商业价值，以商业模式推广文化产品和构建良好的商业竞争氛围。在传播文化的同时，也推动了经济增长。借鉴美国文化出口战略的商业化特点，我国文化出口基地可以注重商业模式和盈利模式的探索，积极开发海外市场，提高文化产品的商业价值和竞争力。

3. 创新性产品

美国文化出口战略注重创新性，通过不断创新，推出具有独特性和时代性的文化产品。借鉴美国文化出口战略的创新性特点，文化出口基地可以注重文化产品的独特性和时代性，通过创新设计和研发，推出具有竞争力的文化产品。

4. 政府支持

美国政府积极支持文化出口，通过资金、政策等手段扶持文化产业的发展和文化产品的出口。借鉴美国政府对文化出口产业的支持，我国政府应积极扶持文化产业的发展和文化产品的出口，提高文化出口的竞争力和影响力。

二、英国

（一）文化出口战略特点

英国的文化贸易战略属于贸易保护战略。英国是经济与贸易强国，一方面英国企业股权比美国更为分散，以小股东为主，具有类似美国市场网络化管理的特征，重视创意产业、出版业的贸易投资，英国出版业尤其重视国际市场与市场化运作。2002 年，创意产业成为仅次于金融服务业的英国第二大产业，英国创意产业也实现了出口 115 亿英镑，约占英国外贸出口总额的 4.2%。2003 年政府对创意产业采取了税收优惠等政策性扶持，创意产业进一步成功推动了英国出口，有效抵补了货物贸易逆差。

出口贸易方面，英国主要采取“行政政策”与“贸易便利化政策”。一方面，英国对文化出口实行干预，文化大臣严格且即时把控出口贸易，限制具有历史意义文化产品或文物出口。英国文化媒体体育部官方网站发布的信息显示，2010 年文化大臣推迟具有历史意义的镀金银酒杯出口，临时禁止出口 17 世纪西班牙画家穆利略的作品；2011 后先后临时禁止出口一幅 18 世纪的画和 17 世纪意大利钟表；2013 年临时禁止威廉四世时期家具、具有 700 多年历史的宗教画以及乔治•斯塔布（George Stubbs）的两幅作品等，并推迟发放珠宝出口许可证。贸易便利化策略主张政府扶持贸易，2013 年 5 月，由英国政府发起，组织相关学者研究欧盟与英国在文化、体育和旅游产业的关系，并决定实施能力平衡分析，分析欧盟对英国的帮助和阻碍。

在英国出口本国文化的顶层战略设计中，“酷不列颠”战略具有重要奠基性地位。1967 年，“酷不列颠”首先作为商业广告名词出现在各大媒体和广告中，之后在英国政府的推动下，“酷不列颠”的内涵由音乐和广告用语拓展到文化艺术政策的各个领域。1997 年英国出版的《不列颠：重拾我们的身份》（*Britain: Renewingour Identity*) 蓝皮书中强调，政府国家形象工程的战略目标就是将英国从对伤感的、过时的传统依赖性中释放出来。报告指出，英国迫切需要解决的问题是打造一个商标，即英国是外向的、多元文化的，处于创意中心地位，英国具备在一个开放的和相互依存的全球经济体中成功运作的能力。

1998 年，一个高级别“大不列颠品牌重塑”小组成立，被授权在千禧年到来之际，设计一份向全世界重新展现英国国家形象的蓝本。“千禧年小组”（Panel 2000）的成员包括政府工作人员、时尚设计人士、商界精英、非政府活动家和新闻媒体工作者。33 位各行精英组成国家形象创意团队，设计“酷不列颠”标志，将不列颠刻画为一个动态的、向上的、精致的，在创造力和创新性领域处于世界领先地位的国家。“酷不列颠”集中展现现代化时尚形象，如充满活力的英国当代艺术、英伦摇滚和音乐。同时，以英国历史传统文化为基础重新描绘国家形象，比如邀请游客参加庆祝女王登基五十周年金礼纪念活动，展现宏大壮观的如历史性的建筑、英伦城堡和花园。

“酷不列颠”国家形象工程是在深入发掘英国传统文化资源的同时，开拓现代软实力组成要素，形成能够表达英国文化和价值观的品牌语言。随着政府和非官方机构的各种国家公关活动的推进，“酷不列颠”的标志渗透到英国时尚设计理念、文化艺术交流、国际贸易设定、科技教育内容乃至新闻传媒形式的方方面面，“酷不列颠”国家形象工程成为英国政府文化外交的标志性成果之一。第二次世界大战后，英国成功重塑国家文化形象，与善用文化手段、借用文化外交重塑国家对外形象有较大关系。

英国文化出口主要依靠国民广泛参与，政府推动、扶持，非政府中介组织充分发挥作用。在英国文化出口的过程中，政府与市场都具有重要的影响和作用，在一定时期和一定阶段上，尽管两者的作用和影响力并非绝对均等，但差异并不明显，形成了“政府 + 市场”的双重推动模式。

1. 实施面向全球市场的发展理念。英国对本国丰富的文化资源进行了合理开发和商业化运作，注重建立产业链及产业集群，关注小企业培育，积极拓展海外市场，形成了具有地域特色的产业文化。英国政府于 2006 年资助发起了“世界创意之都”项目，由伦敦艺术大学负责组织实施，在中国和印度设立了五个创意产业中心，以促进英国的创意企业与当地创意企业进行交流合作。英国政府和中介组织还在积极向全世界推广传播它们的创意产业理念和创意产业项目。通过主流媒体包括英国广播公司（BBC）、《金融时报》等著名媒体，向全球密集发布创意产业资讯，向其他国家推介创意产业项目，争取更多的合作。英国政府也为此制定了新的政策，激励国内企业积极地向外发展和扩张。这些企业在向外发展中既壮大了自己，也把创新理念和文化价值观推向了世界。

2. 支持英国文化出口的具体措施。英国为创意产业提供了相当大的政策空间，通过创意出口推广、教育及技能培训、协助企业融资、税务和规章监管、保护知识产权以及推动地方自主权六项文化产业推动政策来鼓励市场发展。在出口推广方面，第一，通过对外文化交流及贸易手段扩大英国文化的海外影响，加大对国际知识产权的保护力度，重点支持海外市场的开发和文化产品的出口；第二，采取政策和经济手段保护与发展英国文化，提高全民文化素质及英国文化的国际地位；第三，成立创意出口团队，在贸易组织与政府帮助下，为英国创意业者打通与国外市场的联系。特别注意强化对创意产业出口的援助，为此专门成立了创意产业输出推广顾问团，调查研究政策对创意产品出口的效益情况，提供咨询建议，并对不同部门间协调整合与创意产业出口方针等提出意见；第四，贸易及投资部以及英国文化协会共同设立了创意出口网站，为英国创意业者提供便利。

3. 发挥文化出口市场主体的主动性。强化财政、金融调控，为创意企业提供强有力的资金支持。英国文化创意产业的从业者多为中小型企业，甚至是个人工作室。这些企业在发展过程中往往遇到资金缺乏、研发投入不足、无力开拓海外市场等问题。资金是中小型创意企业创办与发展的关键。英国文化机构采用“三三制”的资本结构方式：1/3 的投入来自政府；1/3 来自社会资金；另外 1/3 来自组织自身的商业活动等。这种政策引导方式，要求个体必须积极主动地寻找机遇、挖掘资源、开拓国际市场。因此，政府积极扶持有创新能力的个人或企业，提供发展所需的资金。英国科学、技术及艺术基金会为具有创新点子的个人提供发展资金等。出版了《融资一点通》手册，公布了《创意产业资金地图》，指导相关企业从政府部门或金融机构获得资金上的支持。

4. 完整的文化产业管理体系。“一臂之距”是英国文化产业管理的主要原则，主要是指英国政府要管理文化，对文化产业进行资金、政策的扶持，可以适度地分权。但同时，政府要保持距离，不干涉文化企业的运作。这一原则被运用于英国文化产业出口的管理和实践方面。英国鼓励文化产业先在国内市场中做大做强，形成相对优势，如伦敦戏剧产业、曼彻斯特音乐产业、布里斯托尔电视和数字媒体产业等，之后走向国际市场。政府在这一过程中所起到的作用是主导文化产业出口的战略、法规和理论研究的完善，并成立专门的顾问团为文化产业出口提供咨询和信息，提供各种各样的融资渠道，如政府拨款、准政府组织资助、基金会资助等，但并不直接介入文化企业的决策。

（二）文化出口重点产业

广播电视产品是英国长期以来文化出口的重点产品。在 BBC 打造的英国文化全球传播渠道之中，制作精良的纪录片、英剧品牌节目是其向全球讲述经典英国故事的有效手段。BBC 所拍的电视剧以忠实原著、捍卫经典、质量上乘著称。从 20 世纪 90 年代播出的《傲慢与偏见》和《锦绣佳人》，到之后的《简•爱》《艾玛》《德伯家的苔丝》《理智与情感》《南方与北方》，再到近年的《黑镜子》《皇家律师》和《神探夏洛克》等，都为 BBC 和英国文化吸引了大批全球影迷。另外，围绕城市历史文化资源开发的城市品牌以及相关联的文化旅游业也是英国文化出口的有效渠道。例如，英国首都伦敦是全球“创意城市”的代表，集电影、时装、设计、游戏、音乐等产业为一体；距伦敦 100 千米的牛津城则以教育为特色，开发名校为主题的文化旅游；英格兰西北部城市利物浦是甲壳虫摇滚乐团（The Beatles）的故乡，借此发展为英国音乐艺术的朝圣地；伦敦以西180千米的斯特拉福特是英国戏剧家威廉·莎士比亚（William Shakespeare）的故乡，该地开发出各类莎士比亚品牌衍生产品，如艺术表演、文创产品等；苏格兰高原北部大峡谷的尼斯湖则利用水怪传说发展文化旅游产业。因地制宜，垂直深耕本地文化特色以吸引全球旅游者是英国各地的文化旅游以及文化传播的策略特征。

此外，J•K•罗琳及其作品《哈利·波特》系列更是成为风靡全球的现象级英国文化品牌。早在2002年，《哈利·波特》已经被翻译为60多种语言，售出3亿多册。电影、玩具、服饰、首饰等衍生品的打造形成了完整的“哈利·波特产业链”，产业链中的每一环都可以通过哈利·波特这一文化品牌获得极大的经济收益。据2005年美国《福布斯》杂志估价，“哈利·波特”的品牌价值已经超过10亿美元。《哈利·波特》的影响力不仅体现在精神产品的消费上，还体现在对旅游业的带动作用。英国政府充分利用这一文化资源，将书中虚构的王国十字车站“九又四分之三”站台地点在现实中打造成为旅游打卡地，成为吸引游客的要素，对旅游的推动作用十分可观，是文化旅游相融合的成功实践。

图书出版业也是英国文化对外传播载体的重要组成。英国是世界上图书出口额最大的国家之一，其图书出口金额占整个出版行业总额的36%。根据国际出版商协会的统计数据，2013年，英国出版业的出口金额达到15亿欧元，超过美国的10亿欧元，出口总金额排在全球第一位。2014年，虽然出口总额下降了1%，但仍然表现强势，出口金额达14亿英镑。

英国图书出版业的对外文化传播策略目标明确，国际化布局和运作成熟。为了进军美国图书市场和以使用美式英语为主的南美市场，牛津大学出版社在美国设立了牛津大学纽约分部，出版以美式英语为主的图书；更突出的例子为英国 DK 出版社，该公司有明确的国际战略目标，即把每本书卖给 10 个以上的国家，法国是该公司最大的版权贸易市场，我国各出版社近年来已引进 DK 出版社科普图书共计 150 余种。英国出版商在境外设立分支机构，赞助支持当地作者，采用选题本土化与作者资源全球化相结合的策略；在印刷制作上，英国出版商在世界各地设立印刷厂，或者外包给当地公司，实现区域化出版或定制出版；在发行销售上，英国出版商拥有全球销售系统，与全球的批发商、分销商、零售商建立良好的合作关系，将产品直接送达全球客户和读者手中。

（三）文化出口中介载体

在政府主导层面，英国文化教育协会是英国文化出口历史悠久的中介载体。该协会成立于 1934 年，是英国皇家特许的非营利机构，属于英国公共机构，以提供教育机会与促进文化交流为宗旨。英国文化教育协会与全世界 100 多个国家积极开展合作，涉及文化、语言、教育和社会等领域。在北京，英国文化教育协会作为英国大使馆文化教育处开展工作；在上海、广州和重庆，英国文化教育协会作为英国总领事馆文化教育处开展工作。

英国文化教育协会的特色活动形式包括：电台节目和线上文学会。“The Selector 英伦音乐前沿”电台节目由英国文化教育协会于 2001 年发起，通过全球各国分支机构与当地城市电台合作，全球同步播出，全方位展示英国本土现代多元的流行音乐。英国文化教育协会与中国多家电台合作，定期更新介绍英国的音乐，并在微信公众号上进行推送。“国际文学展演”是由英国文化教育协会为全球文学爱好者及从业者策划、设计的在线文学平台，“线上文学会”通过推介前沿英国作家和文学机构，分享文学产业成功案例，分析时代趋势对文学创作的影响，来扩大英国文学的影响力。

在民间力量方面，英国各类媒体力量通力合作，发挥有效联动作用，形成了全面、系统、高效的文化传播体系，采取富有创意的媒体传播策略，树立起了以高品质纪录片、电视剧为代表的品牌形象，在全球产生了强大的文化辐射力。英国文化的媒体传播机制已趋于成熟。其独特性在于政府与民间力量相互配合，前者通过政策和资助起引导和监督作用，后者承担管理和创收的职责。成熟的媒体机制成为英国文化走向世界的强大助推器。以 BBC 为代表的英国各大传媒集团，既是英国文化的象征，也是英国文化出口功能的中介载体。

以英国电影产业为例，2011 年，英国电影理事会并入英国电影协会（BFI）后，BFI 成为英国电影界的领导机构。该机构于 1933 年获皇家特许状而成立，是英国文化、媒体和体育部下属的一个公共机构。从 20 世纪 90 年代至今，英国政府与 BFI 在对外推广英国文化方面做了许多尝试。为了让英国电影走向世界，双方共同制定了相应的国际战略。2012 年，BFI 推出了“永恒的电影”（Film Forever）的五年计划（2012 ～ 2017）。该计划的重点之一就是支持英国电影成功走向世界，包括相互关联的七个部分：投资并做强国内电影、提升出口电影的价值、与国外联合制作、开展文化交流、制定有关电影版权等视听政策、挖掘顶尖人才、支持英国电影走进国际电影节或市场。

其次，英国政府和民间媒体力量紧密结合，形成了目标一致的价值取向和强大的对外文化传媒体系，也是英国对外推介文化的重要渠道之一。BBC 一直以来都承担着输出英国文化的角色，是其他国家民众心中英国的文化符号之一。在海外观众中，BBC 的认可度超出美国有线电视网（CNN）、德国之声（DW）和日本放送协会（NHK），成为全球影响力最大的公共广播电视台，与其对外文化传播策略的重视密切相关。在民间传媒体系中，报纸期刊在英国文化对外传播中发挥了重要作用。由于英语语言的巨大优势，英国的报纸期刊早已进入全球市场。以《卫报》为例，其网站用户有三分之一来自本土，三分之一来自美国。《卫报》为驻纽约记者站配备了约 30 人的强大阵容。另外，该报还提供阿拉伯语新闻，以获得更多的中东用户。此外，英国充分利用本国历史文化资源，对其资源及产业链进行深度开发，形成了诸多“英国名片”级别的文化符号。英国文化历史悠久，有不少享誉世界的文化艺术作品和文化名人成为英国文化出口的载体和要素。例如，文化巨匠涉士比亚因其在文学，尤其是戏剧文学方面的巨大成就而成为英国以及世界文学历史上的重要人物。从文化产业打造和品牌运营的角度来看，莎翁的知名度和影响力带动了莎翁故居周边地区戏剧院、文化旅游的发展，形成了拉动区域经济的名人文化效应。莎翁戏剧产业在英国本土乃至全球的极大影响力，深入渗透至教育、演艺甚至外交等各个领域，在有效的经营模式下，从文化品牌成了具备世界影响力的英国国家文化名片。

除传媒集团、文学艺术作品品牌之外，英国的文化传播重要载体还包括博物馆、美术馆等历史文化资源丰富的文化机构。英国博物馆和画廊是传承历史文化、培养创新思维的场所，如博物馆时装会将历史遗产与当代文化活动天衣无缝地融合在了一起；参观博物馆和画廊，也是 85% 的境外游客前往英国旅游的主要目的之一。

（四）经验总结与借鉴

英国的文化出口战略在多个方面都可以为中国文化出口基地提供借鉴和启示：

1. 鼓励合作交流

英国文化出口战略强调与其他国家和地区的文化机构合作交流，这有利于推动文化的跨界融合和创新发展，同时还有助于扩大文化产品的传播范围和影响力。中国文化出口基地可以借鉴英国的做法，积极寻找国际合作伙伴，通过交流和合作，推广中国的文化产品和价值观念，提高中国文化在国际上的影响力和认知度。

2. 文化品牌建设

英国文化出口战略注重品牌建设，通过塑造具有代表性和影响力的文化品牌，提高英国文化产品的知名度和美誉度。我国文化出口基地可以借鉴英国的经验，在推广中国文化产品时注重品牌建设，打造具有中国特色和国际影响力的文化品牌，提高中国文化产品的知名度和美誉度。

3. 数字化推广

英国文化出口战略采用数字化手段，如社交媒体、在线平台等，提高文化产品的传播效率和影响力。我国文化出口基地可以借鉴英国的数字化推广策略，利用互联网和新媒体平台扩大文化产品的传播范围和影响力，吸引更多的国际受众了解和关注中国文化。同时，中国文化出口基地还可以通过数字化手段与国际市场进行互动，获取市场信息和反馈，不断优化和改进文化产品的质量和推广策略。

4. 参与国际文化节

英国文化出口战略还积极参与国际文化节，展示英国文化的多样性和创新性。我国文化出口基地可以借鉴英国的做法，积极参与国际文化节和文化交流活动，展示中国文化的多样性和独特魅力，与国际社会进行交流互动，推广中国文化的品牌形象和国际影响力。

5. 注重教育与培训

英国文化出口战略注重通过教育和培训来提高文化人才的素质和专业技能，从而推动文化产业的发展。中国文化出口基地可以借鉴英国的做法，加强文化人才的培养和教育，提高文化产品的质量和创新能力，推动中国文化产业的发展和国际竞争力。

6、注重文化保护和传承

英国文化出口战略注重文化保护和传承，通过保护和传承英国的文化遗产和英伦文化，推动文化产业的可持续发展。我国文化出口基地可以借鉴英国的做法，注重文化保护和传承，保护和传承中国的文化遗产和传统文化。

三、日本

（一）文化出口战略特点

日本文化出口的一个重要战略为“酷日本”战略，指的是通过发展日本的“新文化产业”，将“产品输出”转变为“文化输出”，从而推动日本的经济发展。

文化产业是日本的支柱产业，日本属于文化贸易领先国家之一。“酷日本”战略体现在日本把发展文化产业作为实现知识产权立国战略目标，让金融业配合文化产业的发展与文化出口贸易，积极支持和培育文化产业。政府促进“酷日本”战略与其他文化贸易政策相辅相成，直接作用于商品和服务的出口额。日本政府在文化产业政策方面充当“引导者”，放松管制和对外扩张并举。此外，从“文化立国”的战略高度重视文化贸易，力争相关配套措施实现良好的经济效应。文化出口产品注重科技创新，突出文化创意。同时，日本重视文化内容数字化，推进数字内容产业国际化战略，推动数字化内容的出口。

“酷日本”的提法最早出现在2002年美国评论家道格拉斯·麦克雷（Douglas McRae）的《出类拔萃的日本之酷》一文中。麦克雷在其中指出，日本不仅是一个制造产品大国，同时还是文化超级大国。通过大力发展流行文化，日本在世界上的影响力得以极大增强，这也可以被视为一种软实力的表现。在当时的语境下，麦克雷主要指向的是以青年人喜欢的动漫、电影、音乐、游戏等内容产品为主的文化体系。然而在当时，“酷日本”仅是西方语境下对于日本大众文化的外在评价，还没有成为日本自身的核心认知。2010年以后，尤其是伴随着2011年日本的“三·一一”大地震，由于国内的经济状况和社会环境都发生了深刻变革，与之相伴而生的日本产品安全、品牌形象等在国际上也受到重创，着力发掘本国的文化精华、提升国际文化影响力成为日本一个重要的追求。为此，安倍内阁将“酷日本”战略视为安倍经济学的重要一环，先后提出了《创造新的日本——要将“文化与产业”“日本与海外”联系起来》《关于推进酷日本的策略计划》等一系列文件法规，使“酷日本”战略的内涵逐渐清晰起来，并上升到了国家战略的高度，从而被广大民众所熟知。“酷日本”这一新概念从此也被日本政府借用，以吸引国际市场和到访游客，减少国内就业环境压力，促进内需发展。由此，它的内涵与边界范围变得更为清晰，从原本的青年流行文化转化成为一个整合了全部文化内容产业乃至于外围关联产业的综合性概念。

“酷日本”战略的基本特性主要包括如下几点：

1. 战略有明确的中枢领导机构。国家机关在“酷日本”战略中的作用非常明晰，国家掌控战略全局，协调各省厅以及民间团体间的合作，为日本的品牌、文化和生活方式提供综合性的宣传，为企业提供综合性的行政保障服务。此外，政府还建立新的孵化基地，培养人才，提供资金，确保日本文化产品在海外传播网络的顺畅。

2. 战略有比较明显的“产、官、学”三位一体协作的特点。“酷日本”战略不仅是日本官方推动的一项护航政策，更是与产业界和学术界相互合作、共同推进的模式。其中，学术界评估该模式并钻研理论培养人才，产业界提供具体的市场信息对政策进行积极及时的反馈，政府则负责引导创造适当的环境和法令与之配合，三者间实现良好的互动协作，共同推动文化对外传播。

3. 战略尤其注重面向海外的交流，这是最为重要的一点。“酷日本”战略的定位从一开始就面向海外，这一方面是由于日本国内市场规模有限，另一方面则是日本政府从国家利益出发，希望在世界范围内积极传播日本文化，促进世界对日本文化的理解和关心，提高其国际地位和话语影响力。此外，还有一个重要目的在于吸引海外游客赴日旅游和消费，以促成提振经济。为此，日本政府采了大量具体措施，如加强文化产品的数字传输、吸纳海外创意人才入境、减轻对文化产品海外流通的管制、积极了解海外的不同需求等等。

综上所述，“酷日本”是以官方为主导的日本的文化对外推广战略，通过将地方资源的挖掘与国际宣传相结合，将地方资源的产业化与食品、传统工艺、历史、旅游观光产业等的文化价值有机结合起来，达成资源的全方位整合。“酷日本”战略的提出和贯彻落实，充分体现了日本对于本国文化产业出口的重视。

（二）文化出口重点产业

“酷日本”战略作为一个宏大的概念，本身包括了非常多的文化产业内容，因此，其文化的载体形式也是丰富多样的。其中，由于本土产业的成熟性与发展优势，动漫、游戏和食品等产业领域，构成了日本对外文化输出的高竞争力产业。这些产品是日本文化出口的重要容器，承载着日本深厚的思想、文化和精神特质。

以最具有代表性的动漫产品为例，从20世纪70年代开始，日本便抓住了动漫外交的最佳时机向外传播，并将这种模式一直延续到今天。例如机器猫、一休、圣斗士星矢、龙珠、蜡笔小新、樱桃小丸子、铁臂阿童木、凯蒂猫等一系列脍炙人口的经典动漫形象，无一不代表着日本动漫文化的繁荣。这种生动形象、易于理解和接受、充满美感与故事性的表现形式，跨越了不同地域与语言隔阂带来的理解障碍，对于文化出口起到了良好的助推作用。2006年，日本前外相麻生太郎在主题为“文化外交的新构想”演讲中提出，日本今后应大力开展“动漫外交”，通过推广日本的经典动漫作品以赢得各国民众尤其是年轻人的心。与此同时，这一推广目的要求日本的文化符号与“明快”“温暖”和“漂亮”等词汇紧密相连，而“杂糅其间的日本式思维、价值观和是非善恶标准也无形中得以传播”。

在“酷日本”战略全面推行以后，日本环球影城主题乐园（USJ）曾宣布，以日本的动漫和游戏为题材的游乐设施和表演秀为主体，试图让它们走出日本，走向世界的舞台。USJ宣扬“酷日本”文化要旨，谋求以稳定业绩的主题公园来拓展海外事业，并通过表演活动再现《海贼王》《进击的巨人》《新世纪科音战士》等人气动漫里的精彩世界，成功聚集大批游客，获得了业绩的飙升。原本是美国电影主题公园的USJ，在引入日本漫画元素的初期曾受到公司内外的一致反对。但转换方针的结果是游客数量的持续性扩大，又适逢美国人气电影《哈利·波特》主题馆的开幕，到2014年，入园的游客人数与前年相比增加2成，最高达到1270万人次。其后几年，尽管门票价格也随之水涨船高，主题乐园的入园人数与收益仍呈不断上升的趋势。由此可见，基于漫画的内容产业及其相关的其他产品，能够借助于市场和受众的喜爱而获得较大的成功，也体现出日本动漫产业自身的优越性。

作为流行性文化产品的重要一员，日本的动漫具有诸多优势，例如通俗易懂、物美价廉、内容亲民、生动有趣、充满故事性，代表着快乐、希望、美好、正义感与想象力等；它们通过富有个性化的美感形式，不过分张扬却能承载厚重的语义，将绘画型视觉艺术与文学文本有效地结合，使得整体的叙事在一种特殊表现力中展开。尤其是在一些手绘的场景里，日本的文化符号要素被反复呈现，加强了读者认知的塑造。此外，随着市场的不断扩大与细分，日本的漫画也开始朝向更为精确的受众群体演进，开始创作出许多有针对性的文化产品，例如幼儿漫画、女性漫画等，将不同受众的特殊需求一并考虑在内，使得行业整体的市场配置更为完善。尽管动漫并非仅属于日本这一个国家专有的文化行业，但因其较长的发展历史、深广的市场背景以及充足的创作人才后备体系，日本的动漫产业在全世界的范围内都能够脱颖而出，产生超乎想象的影响力，对于日本文化的承载和推广起到了极为重要的代表性作用。

不仅是动漫，诸如游戏、影视、美食、文学作品等具有典型日本风格文化类产品，在“酷日本”的战略引导下，在世界范围内也都得到了很好的发展。这些与我们日常生活紧密相关的娱乐性文化消费品，在给海外受众群带来基本的精神享受的同时，无一不都成为日本文化风格的理想代言者。

（三）文化出口战略举措

尽管是由官方为主导进行推动，“酷日本”整体而言仍是一场全民性运动，而不单纯只是少数精英领军人的理想目标。它要求全体日本人一起参与其中，来重新发现自己身边的美好日本。为此，日本采取了多种措施，将位于不同环节的更多民众纳入这一战略体系之下。

1. 大力发展人才战略，并通过基盘打造的模式以孕育激发创造性的土壤。这一人才的构建模式与外向交流紧密结合起来，从而完善了相应的遴选与培养机制。例如，日本政府有效利用日本时装周、东京设计周、艺术展等活动为路径，吸引世界各地的人才来日发表作品、展示才能；同时，还完善了“世界人才吸引计划”，放宽海外创意人才的访日签证审批手续，并充分利用“外国青年交流计划”增加海外创意人才赴日本调查采风的机会；不仅如此，还积极通过艺术展、拍卖会等艺术性活动建立起完善的人才信息流通网络，吸引世界投资以促进未成熟人才的尽快成长；作为必要的保障，日本还制定了相应的具体政策，以解决创意人才和艺术家收入不稳定的问题，从经济福利上确保引入人才产出的稳定化和持久性；此外，还通过强化有关创意产业的学术研究和产学合作等模式，将创意进行充分的转化与升华，以发挥其最大效用。

2. 充分挖掘地方社会文化，实施“创意城市”计划。为了充分展现自身的民族文化特色，日本通过与地方文化和生活方式的联合塑造，彰显地域性魅力，形成地方品牌，增强对于海外的传播度和影响力。这种方式不仅挖掘了其具有代表力的民族品牌特色，还有效地振兴了地方产业，吸引新移民，培养城市居民开放包容的文化态度。此外，通过这种模式，还可以加强城市内人才和信息的交流，使得日本对外文化认知提高到了新的台阶。

3. 基于各部门具体的经营战略，构筑新的经营指标体系、建立新的经营模式，以促进创意能够迅速转化为实际价值。例如，在经营过程中尝试将品牌、专利、设计等企业的知识财产也纳入企业会计核算之中，完善创意关联产业的基础数据，加强对动漫等日本强势文化产业的统计整理，鼓励把各地方的风俗习惯、历史以及产业分布图示化和数据库化，整合日本文化和产业的所有信息等等。这些措施充分利用了信息时代数字化技术的管理模式，快速提高了相关管理工作的运转效率，且将日本的文化内容更好地整合在一起，以便于统合输出。

在面向海外的渠道建构过程中，日本政府牵头设立"酷日本"的海外拓展平台，尝试实现海外市场服务共享化。具体来看，包括策划和完善海外教育机构、广告宣传、街头贩卖点设置等综合服务，推进跨品牌综合市场营销和经营管理服务。不仅如此，政府还依照不同国家与地区的特定需求，在各地设置以驻外日本公使馆为中心、联合当地关系机构（如日本贸易振兴会、国际观光振兴会等）与民间机构共同组成的"酷日本"海外拓展平台协调处，从而在联动的网络中相配合，以更好地组织工作开展。

在面向海外的文化输送过程中，"酷日本"战略除了打好基本的政务基础之外，还尤其注重形象品牌的宣传与构建。因此，在日本官方主导下，这些新的日本品牌故事通过各种媒体，多层次、有结构地向国外宣传——尤其在亚洲和欧美重点市场，有选择性地持续推进"酷日本"产品的海外传播活动，将海外市场开拓与促进外国人赴日旅游观光的这向外与向内两个方向的各项举措有机地结合起来，使日本文化连同其整个民族面貌在广大受众心目中形成一个稳固、正面的形象体系。

归纳来看，"酷日本"作为一种战略载体，是在政府相关部门的主导下，与个体、企业组织进行密切有效配合达成的文化外贸统筹平台。日本不仅形成了对外输出和对内吸引的两个不同方向的合力，在具体的管理与宣传营销方式上也相统一，从而保障了文化对外出口的相对优势。

（四）经验总结与借鉴

1. 注重文化的多样性和特色

“酷日本”战略注重挖掘日本文化的多样性和特色，包括动漫、游戏、音乐、时尚、美食等，通过打造日本特色的品牌形象和文化产品，提高日本文化在国际市场的认可度和美誉度。

我国文化出口也应该注重挖掘中国文化的多样性和特色，包括传统文化、当代文化、民俗文化等，打造中国特色的品牌形象和文化产品，让中国文化在国际市场上更具竞争力。

2. 整合各方资源，形成合力

“酷日本”战略注重整合政府、企业、文化机构、文化人才等多方资源，形成合力，共同推动日本文化的出口和传播。中国的文化出口基地也应该注重整合各方资源，形成政府、企业、文化机构、文化人才等多方合力，提高中国的国际影响力和国家形象，吸引更多的国际游客和投资者，共同推动中国文化的出口和传播。

3. 发展创意产业和数字经济

酷日本战略注重发展创意产业和数字经济，通过创新和技术驱动，提升文化产品的附加值和市场竞争力。我国文化出口基地也应该注重发展创意产业和数字经济，通过科技创新和数字化转型，提升文化产品的附加值和市场竞争力。

4. 建设文化交流平台和中介机构

酷日本战略建设了一系列文化交流平台和中介机构，如日本国际文化交流基金、日本文化振兴机构等，帮助日本文化企业扩大海外市场，促进文化交流和合作。

我国文化出口基地也应该建设类似的文化交流平台和中介机构，为中国文化企业提供海外市场信息和服务，促进中外文化交流和合作。

5. 重视国际合作和文化交流

日本在文化出口过程中注重国际合作和文化交流，与其他国家和地区签订文化交流合作协议，促进文化产品在海外的传播和销售。我国在出口文化产品时可利用各种软文化交流促进产品的出口和国际销售。

四、德国

（一）文化出口战略特点

1920 年，德国政府首次设立的外交部海外德国文化和文化事务管理处，奠定了德国政府宏观管理对外文化政策事务的制度基础，其主要特点是“官方出政策、民间机构办活动”。其中德国外交部代表联邦政府全面协调对外文化交流机构之间的分工与配合，但与此同时，联邦议会和联邦政府又把外交部的政策角色严格限定在“领导而非垄断”的框架内，恪守“不干涉和侵害政策实施过程中文化、艺术和科学的高度自治原则和特性”。对外文化交流的工作则由一大批具有“品牌”影响力的民间机构对外来承办。这些文化机构大都成立于魏玛共和国时期，如德国对外学术交流中心、洪堡基金会、歌德学院以及德国对外关系研究院等。这一运作模式的优点在于，一方面，在政府不直接插手对外文化工作的前提下，公民社会组织直接承办文化外交工作的主动性、积极性和创造性得到了制度保证。另一方面，“官方出政策、民间机构办活动”，政府对文化外交的政策话语权和影响力，以及政府对文化外交政策财政支持和监督的义务也得到了制度性保障。所以，人们也把德国的这种模式称为“事权分离”模式，成为延续至今的一种颇有特色的“官民分离而又相互配合”的德国模式。德国对外文化政策的机制化，对于改善德国与他国的合作关系，展示德国的正面形象做出了突出的贡献。

德国现代对外文化传播战略主要有以下三大特点：

1. 继承传统文化交流项目，精心打造文化外交的“核心产品”。例如，德国歌德学院的德语教学和培训项目，德国海外学校管理中心的海外德语学校，以及该中心与世界各国优秀中学建立的校际德语教学合作项目，以洪堡基金会为代表的各类基金资助国际学者联合科研和交流项目等，这些项目是德国对外文化交流的核心。

2. 鼓励和资助普通德国文化公民。如艺术家、音乐家、作家以及画家等，直接与海外同行的交流。自 20 世纪德国就把交流的“双向性”确立为文化外交政策的基本原则，大批被资助的国外艺术家前往德国进行实地交流和举办展览。

3. 文化外交对现代文明成果的运用。如举办网络文化论坛、学术会议等。近十几年来，德国外交部投入巨资支持出版各种外文网络刊物和设立网络论坛。文化、艺术、学术领域牵头的运作机制更好地削弱了目标国政府和社会对所谓“政治宣传工具”的担心，容易被对象国政府和社会接受和认可。

从具体政策来看，对外文化与教育政策是德国外交政策中除了传统外交和对外经济政策外的第三根支柱。其最重要的目标之一是通过文化、教育和科学方面的交流与合作，促进民众间与公民社会间的对话，为前两大外交政策奠定基础。

对外文化与教育政策的其他任务包括在全球推广德语，传播德国卓有成效的文化多样性的国家形象，并通过交流形成共同视角。具体举措既包括各种文化计划的促进，如展览、德国戏剧合作项目、文学或电影资助以及伙伴学校倡议“学校：未来的伙伴”等各种教育方案，也包括帮助德国青年完成海外志愿服务的项目。

从文化贸易数据来看，在过去几十年中，德国大力推动文化与创意经济产业的发展，文化与创意经济产业对德国经济增长的贡献日益提高。德国文化市场日渐繁荣，产品供给品质显著提升，文化贸易规模不断扩大。欧洲统计局数据显示，2014 至 2018 年，德国文化商品出口总额和文化商品进口总额都呈现上升的趋势，2018 年较 2014 年的文化商品出口总额上升了 21.16%，文化商品进口总额上升了 28.96%。德国文化贸易顺差整体上呈现一个波动式增长的态势，2018 年德国文化贸易顺差较 2014 年扩大了 6%。

（二）文化出口重点产业

德国政府高度重视文化产业发展产生的经济、社会、文化效应，并大力支持本国文化产业的发展。2006 年，欧盟委员会教育和文化总司撰写了《欧洲文化经济报告》，就文化创意部门的就业潜力和经济的相关性进行了透彻的研究与分析。德国政府也因此开始将文化创意经济发展提上日程，并逐步制定相关政策与发展计划。2008 年，德国经济部长会议正式定义了文化与创意经济产业，将分为 11 个细分行业，包括文化市场下的音乐行业、图书出版业、艺术行业、电影行业、广播行业、展览业、设计行业、建筑设计行业和新闻业，以及创意经济下的广告行业以及软件和游戏行业。其中德国在图书出版业、艺术行业等表现突出，走在了世界的前列，且十分注重在全球范围内开展合作。在互联网快速发展的大背景下，德国的各个文化行业也积极拥抱数字技术，进行数字化转型升级。

德国在以下多个重点文化创意产业领域与多国建立了密切的贸易合作关系，是德国文化出口的引领产业。

1. 在电影基金的支持下，德国的独立制片公司在全球成为较受欢迎的国际合作伙伴。德国制作的漫画电影在海外市场表现良好，德国影片已成为各大电影节的固定组成部分。德国影业在海外的融资举措也在进一步加强海外制片人和德国制片公司的紧密合作。

2. 在电视行业，德国电视二台（ZDF）作为德国的国家公共电视台，在全球各大洲都发展了合作伙伴关系。ZDF 本国记者和外国记者对国际事件的报道得益于与其他各国主要电视公司的协议。ZDF 还拥有全资子公司 ZDF 企业有限公司，负责全球节目的发行和收购、国际联合制作、在线版权营销、ZDF 节目品牌的商品销售以及其他商业活动。

3. 在表演领域，戏剧占据着德国文化的重要位置，是德国文化外贸中心产业之一。从 2010 年起，德国表演艺术行业保持了良好的发展趋势。在整个表演艺术行业中销售额最高的细分领域是剧院与乐团，与之相关的近 1300 家公司在 2018 年共创造了约 22 亿欧元的收入。德国还拥有许多知名的剧院，比如柏林德意志歌剧院、德累斯顿申培尔歌剧院、慕尼黑巴伐利亚国立歌剧院等，这些剧院也是著名的旅游景点，既具有文化属性又具有商业属性，吸引游客了解德国文化的同时带动了当地的旅游消费。

德国是世界著名的音乐之乡，德意志民族是传统上极具音乐天赋的民族。《2019 全球音乐市场报告》显示，2018 年全球数字音乐营收同比增长 21.1%，达到 112 亿美元，首次突破 100 亿美元大关。在这个类别中，流媒体音乐增长了 34%，达到 89 亿美元，而音乐下载同比下降 21.2%。分地域来看，按营收计算，德国的音乐市场位居全球市场的第 4 位。

随着全球化的日益加深，图书版权贸易在全球贸易中所占比例越来越大，在文化交流中扮演的角色也日益重要。随着数字技术的发展，全球出版业市场规模在过去十几年一直面临大幅度缩水的窘境，德国作为传统出版业较为发达的国家之一，也面临转型与融合的挑战。德国出版业通过不断的探索与创新，持续关注新的消费习惯，在 2019 年成功实现了自 2017 年之后市场销售总额的两连增，扭转了自 2010 年以来的下滑态势。

2019 年德国新书版权进口数量占全年新书品种的 13.9%，相比 2018 年上升了 0.2 个百分点，共计 9802 种。版权出口发展稳定，2019 年，德国新书版权出口数量共计 7747 种，其中出口中国的占比为 19%，中国成为德国图书最大的版权出口目的地。新书版权出口中，儿童和青少年图书出口 3031 种，占比为 39.1%，比重最高；虚构类图书版权出口数量与 2018 年相比有所上升，达到了 1419 种，占比为 18.3%。

（三）文化出口中介载体

德国对外文化交流传播仰赖于从事具体工作的非政府组织，以及指导和监管其整体运作的政府和议会系统的专业性。两者作为德国文化出口中介载体所具备的严谨、专业，成了德国文化出口战略实施的一大优势。

首先，处于德国政治制度中心的联邦议会利用“专业研究权”参与和影响德国对外文化政策。根据 20 世纪 70 年代联邦议会通过的法案，议会对外文化专业委员会有权在不受议会全体会议委托的前提下，直接就文化外交政策与该领域理论专家和学者进行公开或非公开的讨论，旁听各类专业会议、咨询与协商有关文化外交专业理论问题。联邦议会非常注重专业信息的收集和专业分析能力的提高，议会对外文化专业委员会的成员大都由文化或对外文化政策专家组成，而非职业化官僚。根据法律规定，德国政府须向德国议会提供对外文化政策的专业报告。通过专家学者型议员提出高质量的文化外交分析报告，德国联邦议会能够有的放矢地对文化外交政策中出现的问题进行有效监督。德国议会另一个值得关注的做法是所谓的“调查委员会”。早在 19 世纪 70 年代就成立了的“调查委员会”，曾经就德国对外文化政策的重要问题对德国政府进行了问询与调查。该委员会在专业讨论与研究工作中经常保持各党派议会党团和专业分委会协同合作，保障议会对文化外交政策问题有敏锐的洞察力和缜密详细的理解力。这一传统从一个侧面体现了德国议会对文化外交的重视。

其次，德国政府的专业性主要体现在外交部制定对外文化政策的过程之中。德国外交部作为最为重要的中间机构，负责制定对外文化政策。在此过程中，它主要通过与议会、联邦各部、联邦州政府、私营性对外文化机构、学术界讨论与协商。采用的互动形式是，外交部与各界共同举办的学术研讨会、文化政策专题会议，以及主题报告递交议会后的答询等。专业化的做法保障了德国的对外文化政策的先进性和引领性。

德国外交部根据不同工作重点，设立了如歌德学院、对外关系研究所、德意志学术交流中心、联合国教科文组织德国委员会或洪堡基金会等文化传播载体。此外，德国还通过帮助他国开展文化遗产保护计划，彰显对人类共同文化资产保护的重视，其中包括马里的廷巴克图古城保护，为叙利亚建立数字文物目录，在喀麦隆对其传统音乐进行数字化整理，以及修缮印度尼西亚的婆罗浮屠寺庙。这些跨国协助促进了他国民众和专业人士对德国文化价值观的认同，为树立大国形象起到正面作用。

表 1 德国主要文化出口中介载体

名称	简介
德国学术交流中心	德国最大的学生、学者国际交流资助机构，其中心网络遍布五大洲，有 16 个驻外办事处和 54 家信息中心。从其性质而言，为注册协会：从资金来源看，属官方机构。
歌德学院国际交流中心（原歌德学院）	德国最大的语言推广中介组织。2001 年 1 月 8 日，与国际交流中心合并。主要任务为：在海外促进的与传播：维护国际文化合作：通过介绍德国文化、政治、社会生活，在海外传播完整的德国形象。
德国海外学校中心	隶属于联邦行政管理局的部门，在外交部专业指导下负责德国海外学校的事务，为在海外的德国学生提供德式教育，向海外德国学校介绍德国教员，提供专业咨询。
德国对外关系学会	德国历史最悠久的对外文化中介组织，支持各国的文化交流，克服语言和文化障碍，促进个国家、宗教的和平共处，通过跨文化对话和国际合作，促进各国人民间的相互理解。
教育交流中心	在中小学开展国际交流项目，促进学生、教室及学校间的国际联络。
德国之声	德国对外广播电视台，通过 30 种语言的对外新闻节目，向世界各地介绍德国政治、经济、文化和社会生活及其发展情况，对外传播德国文化，在海外为德国塑造积极正面的国家形象。

（四）经验总结与借鉴

具有德国文化特色的出口重点产业包括音乐、电影、图书和设计工艺品等。这些产业在德国拥有丰富的历史和文化积淀，同时在产品质量、创新和品牌建设方面都非常注重。对于我国文化出口基地，有以下几点可供借鉴：

1. 产品质量把控

德国出口文化产品以其高质量著称，无论是音乐、电影还是艺术品，都有严格的质量标准和生产过程。在中国文化出口中，也应该注重产品质量，力求打造高品质的文化产品。

2. 重视载体创新

德国的文化出口产业在不断创新和尝试新的领域和形式，比如数字化和虚拟展览等。中国文化出口基地也应该积极探索新的创新方向，尝试更多新的表现形式和技术手段，以适应不断变化的市场需求。

3. 品牌建设

德国的文化出口品牌备受国际认可和青睐，这与其在产品质量、创新和市场宣传方面的投入密不可分。中国文化出口基地也应该注重品牌建设，通过精心策划和有效的宣传，让自己的文化产品品牌得到更广泛的认可和信任。

4. 多元化经营和合作

德国的文化出口产业不仅仅依靠单一的产品或者市场，而是在多个领域和多个市场进行经营和合作。中国文化出口基地也应该在不同领域和市场寻求合作，以拓展自己的业务范围和市场份额。

五、法国

（一）文化出口战略特点

2013年，在题为《我们21世纪的文化外交抱负》的演说中，法国外交部部长洛朗•法比尤斯（Laurent Fabius）提出，“对发展策略而言，文化代表了民主变革及社会的进步。文化是法国历史遗产的价值及国家实力的体现，且是提高发明创作水平的动力。法国的文化政策是提升法国的魅力及影响力的基石。为此，应该给予对外文化传播新的推动力。”他的这番话以法国代言人的身份很好地体现了法国对外文化交流战略的总体特质，即重视文化对国家利益的促进作用，坚持文化民主以及对创新的推动。

法国的国家形象与文化密不可分，在文化出口方面也带有传统而内敛的特点。在国际文化贸易方面，法国坚决反对美国文化自由贸易的立场，“文化例外”正是这一特点的体现。法国首次倡议“文化例外”政策，并成为国内奉行原则，其后为欧盟各国接受。“文化贸易”将文化与一般商品生产区别开来，反对文化的商业化、低俗化，反对把文化列入一般性服务贸易，保护本国文化产业的发展。在关税与贸易总协定乌拉圭回合谈判中，法国以“文化例外”为由，坚决反对文化市场的自由贸易，险些为此退出整个谈判。在世界贸易组织谈判中，法国进一步将“文化例外”演变为“文化多元化”原则。在出口内容上，注重对内扶持高雅艺术，对外展示法兰西文化的辉煌。法国注重传统的、精英化的“文化”，反对美国式的娱乐化的“文化”，包括好莱坞电影、肥皂剧和迪斯尼乐园等。法国每年有巨额的政府支出用于保护文化发展，来支持精英优质内容出口。

法国的文化研究学者将法国的国际文化合作推广架构用“一部三网”进

行概括。“一部”指外交部及其下属的文化行动合作处（SCAC）。“三网”指遍布全球的法国文化中心、法国对外视听传播控股公司，以及法语联盟的传播网络。其中，法国外交部是法国对外文化传播行动的主导者，法国文化中心是“法国文化外交的新行动者”，法国对外视听传播系统的改革特征是媒体整合，法语联盟在经过一个多世纪的发展历程以后，已经成为世界第一大文化网络。法国政界曾用“无与伦比”来形容该网络，并把其视为维护法国“文化大国”地位的基本工具。

为推进国际文化合作的顺利开展，在外交部的领导下，“一部三网”系统主要进行了两个方面的改革。其一是政府职能的强化，其二是合作机制下的推进。而作为外交部的海外行动网络，SCAC尤其注重发展与当地文化团体及政府的互动关系，积极寻求文化合作契机，以推进与目标国文化项目的持续深入开展。此外，为促进法国文化在海外的传播，外交部还注重营造良好的国际氛围和传播环境。在这样一个完善全面的系统与相应策略构建推动下，法国对外文化推介一直秉持着其独有的价值观理念而展开。

首先，法国注重塑造自己“文化平等”及“文化包容”的国际形象。一直以来，“文化例外”及“多元文化”是法国外交的核心理念，因此，在维护本国文化利益的同时，保持和促进世界文化的纯洁性及多样性也始终都是法国外交的基本策略之一。其次，在促进法国文化产品向世界传播的同时，法国政府注重对法语世界国家文化产业的额外援助，以维护法语世界文化的多样性，依托于语言体系将自身的民族文化影响力进一步扩大。

可以说，对世界文化多样性的保护，特别是对法语世界多元文化的保护，体现了法国由“文化单边主义”向“文化双边主义”乃至“多边主义”的过渡。这些行动一方面有助于法国树立“文化平等”和“文化包容”的国际形象，从而增强法国文化对海外受众的亲和力，另一方面对于法国文化自身的保存、发展与丰富也有所助益，使得它在一个开放的环境中找到更加适应时代的发展方向。

综上，法国的文化对外出口过程中，一方面能够看到政府相关部门的较多着力，侧重于构建起积极正面的包容性形象；另一方面也可以发现，其重点围绕于语言体系的特殊性展开。法国作为欧盟国家的核心成员之一，需要在欧洲整体的发展当中脱颖而出，形成自身的独特竞争力，即尝试构建起基于法语为核心的文化产品体系。从传播模式看，协作化、合作化及整体化，则是法国对外文化推广的主要战略特点。

（二）文化出口重点产业

法国文化出口贸易产品众多，其中较为知名且成功的主要包括出版物、视听产品、奢侈品牌和旅游服务等。

出版业是法国第一大文化产业，对外图书出版是法国在世界其他国家和地区开展文化推广的优先途径。法国政府鼓励作家创作符合海外市场需求的图书、补贴图书出口公司、资助法国出版商参加大型国际书展、促进法语图书外译、资助海外法语书店购买和推广法语图书。

作为世界文化大国之一，在图书出版物的对外推广上，法国的总体模式十分成功。数据显示，在 2012 年，法国图书产业的产值就已高达 30 亿欧元，在法国对外出口的文化产品中，图书出口占到了一半之多，产值超过出版业总产值的 25%。而尽管近年来国际图书市场形势相对严峻，法国仍然保持了年均 2% 的出口额增长率，形成了较为强劲的竞争力。法国图书的对外推广主要得益于“一部三网”政策下的对外翻译策略支持，即外交部下属的图书与多媒体处帮助其打造了一个较好的多元共生的外部环境。作为文化的主要承载物，图书起到了良好的信息载体功能。在法国的图书对外推广过程中，相关政府部门格外关照了法语国家，以确保这种语言体系的使用稳定性与范围。他们在使用法语的国家之间搭建起沟通的桥梁，增强了地区之间的合作，帮扶落后地区图书作品的出版。例如，帮助使用法语国家建立法语学习网站；在每年举办的巴黎书展当中，为来自非洲或加勒比海地区的相关机构开辟专区，为法语作品提供展示空间；此外，政府还设立了基金帮助开展海外出版工作，使得图书产业始终得以良性化发展。

在出版业之外，法国也同样重视视听产品的对外推广。法国于 1949 年设立“票房预付款”制度，为一些独立电影和艺术电影的拍摄提供资金支持。设有专门资助影片发行商和制片人的影片输出资助金，用于支持法语影片出口国际市场，资助发行法国影片的国外发行商，举办电影节、电影展等与推广活动。以“法国电影周”为例，该活动是法国电影海外推广的年度盛事。语言和文化差异会成为影响合作效果的重要因素，为了增进彼此的了解，法方会优先选择具有法国生活背景的当地专业人士为解说或讨论的嘉宾，通过他们的语言与视角对法国文化进行演绎，便于目标受众对内容的理解和接受。在法语世界中，有众多人口以及巨大经济发展潜力的非洲是法国文化传播的重中之重。以法国国际广播电台（RFI）电台为例，在非洲的受众占其受众总量的一半以上，是电视台最重要的目标传播区域。

法国的时尚奢侈品行业也一直是其著名的文化符号象征。法国的奢侈品行业兴起于 350 多年前，在现在的法国经济中也具有战略性的地位，能够为法国带来 15 万个就业岗位和约 350 亿欧元的产值。法国的著名奢侈品牌，例如路易·威登、爱马仕、古驰、欧莱雅等，无一不是行业翘楚。“奢侈”“时尚”“浪漫”，这些特质迎合了当代年轻群体的消费心态和对于极致典雅、精美生活的幻想，因而具有很强的受众偏好度。从另一个维度来说，尽管这些品牌形象符号本身并不与法国的历史文化直接关联，但是也通过诸多要素构建起大众对于法国唯美主义的固有印象，由此产生了整体国家形象的特殊构建。

奢侈品行业还往往能与旅游产业相结合，形成了一种无形的联动。奢侈品牌在海外的推广，不仅促进了法国“时尚之都”“浪漫之都”形象的传播，也帮助吸引了大量游客。据统计，法国作为世界第一旅游服务出口国，每年能吸引约 7700 万游客，数量超过了本国人口。这一方面得益于法国构建的国家形象理念，同时也与其背后厚重的历史文化遗产资源吸引力紧密相关：约有 56% 的游客都认同“法国是拥有丰富文化资源的旅游目的地”。这些基础性资源和营销宣传的有效配合，使得法国的旅游市场在全球占到了近 10% 的比重，成为吸引游客的非常重要的无形文化载体。

除此之外，法国其他的诸多文化产业领域，诸如成熟的艺术品拍卖市场、流派众多的音乐类产品、丰富的演艺活动事业等，无一不都成绩斐然。基于这些多元的文化产品和服务，法国将蕴含在其中的自身文化进行了积极和充分的表达。

（三）文化出口中介载体

法国文化出口的中介载体、官方民间渠道是完整和多样的，其对外传播的官方机构，从很早开始就布局了一张完善的网络，在长期的演变发展过程中摸索出了自身的规律和准则。这些文化机构通过举办大量的活动，例如艺术节、演出、展览、讲座、培训、研讨会，以及与国际组织的诸多深入合作等等，将法国的文化魅力传播到世界各地。总体来看，在不断优化国家文化形象的同时，法国尤其注重从支持翻译、加强科技的合作与援助及文化节庆的合作举办这三方面对本国文化产品进行海外推广。

支持翻译的策略，是通过法语体系建构起来的一个重要举措，这在图书出版领域的表现尤为突出。例如，法国支持国外出版机构对法语图书的版权购买、翻译及出版发行，资助培训年轻的翻译家，建立推介被外译的法语图书的网站，使海外受众能及时获取这些图书的出版发行信息。此外，通过遍布全球的法国文化中心、法语联盟以及法国驻外使领馆文化处，法国官方还致力于举行大量关于法语图书及作家的展览、研讨及赠阅活动。这些活动常常联合国内的行业协会及目标国的文化机构共同展开，以增强法国的思想、作品、作家及出版社在国外的影响力，从而给予法语类作品以一条更为理想的传播通路。

其次，法国重视对外的科技交流与合作。法国外交部作为法国文化宣传的最高领导机构，统管了科技和文化两个方面的宣传与交流工作，主要由两个部门负责，一个是法国国际合作与发展总司，另一个是法国艺术行动协会。在与发达国家的合作上以科技促文化，加强国与国之间的契合度。在和发展中国家的合作上，则以单向的援助为主，包括科技设备的提供与人才培训的指导。根据国际形势，法国不断调整合作的对象与方式，并在此过程中将自身的文化、理念、价值观和相关的商务产品间接地推广开去。

此外，法国重视文化季、文化年和文化节等多种节庆活动形式，将法国的文化触角伸到世界的各个角落。以与中国的交往互动为例，2003 ～ 2005 年，两国共同举办了“中法文化年”。随后，双方政府为了促进文化的深入交流，决定每年举行一届大型的中法文化艺术节，即“中法文化交流之春”。

从2009年开始，这一活动又更名为“中法文化之春”，并一直持续举办至今，将两国的文化纽带紧紧系在一起。其中在2014年，适逢中法两国建交50周年，“中法文化交流之春”的活动规模与覆盖面都达到了前所未有之高度，覆盖城市也从往年的20余座增加到了40余座，在国内形成了巨大的影响力。不仅仅是中国，法国与其他国家也密切地通过这些文化节庆的方式推进交流，例如2013～2014的“法国-越南文化年”活动，同样以建交40周年的节点作为契机；2015～2016举行“法国-韩国文化年”活动，围绕美食和流行文化助力两国的合作等。通过与不同国家之间形成深入的、有针对性的文化交互，法国在接纳其他国家文化的同时，潜移默化地以一种友好的姿态传递自己的文化。这些丰富的活动本身也给法国提供了较为丰富的长期性经验，使得后续文化活动的深入推进更为顺利。

总体来说，法国基于“一部三网”体系的对外文化交流政策是一个以政府为主导的官方性策略，通过积极构建一系列友好交互的渠道网络和中介载体，法国将自己的影响力有针对性地传播到世界各地。

（四）经验总结与借鉴

1. 强调品牌形象和文化符号

法国文化出口侧重于塑造品牌形象和文化符号，如红酒、时装、美食等，这些产品不仅仅是商品，更是文化的代表。法国通过强调品牌形象和文化符号来提高其产品的附加值和知名度。在我国文化出口方面，也应该注重产品的品牌塑造和文化符号的强化，打造代表文化特色的商品，形成品牌效应。

2. 注重跨界合作和创新

法国文化出口对跨界合作和创新也非常注重，例如时装品牌与艺术家、音乐家的合作，或者是大师级厨师与设计师的合作等，将不同领域的创意融合到产品中，形成了独特的文化魅力。在我国文化出口产业链的打造中也可以注重跨界合作和创新，吸纳不同领域的创意，将其融入文化产品中，创造更有文化魅力的产品。

3. 重视文化交流和合作

法国在文化出口过程中非常重视与其他国家的文化交流和合作，通过文化交流和合作，加深不同国家之间的文化理解和友谊。例如法国在中国的文化节和文化交流活动，以及法国政府对于留学生的支持和鼓励等。我国也应该注重与其他国家的文化交流节庆活动的组织，以延伸活动带动文化产品的出口与展示。

六、国外文化创意产业集聚区

（一）伦敦文化创意产业聚集区

英国是世界上最早确立“创意产业”概念的国家。伦敦创意产业涵盖 13 项产业，包括软件开发、出版、广告、电影、电视、广播、设计、视觉艺术、工艺制造、博物馆、音乐、流行音乐以及表演艺术等伦敦不仅是一个世界级别经济、金融、贸易中心，且日渐成为引导世界创意潮流的创意中心之一。

伦敦创意产业在英国乃至世界中占有重要地位，以文化为主体的创意产业是英国发展最快的产业。比如，伦敦被称作“国际设计之都”，聚集了英国 1/3 以上的设计机构，这些机构中近 3/4 在世界各地分别设有分部。伦敦设计产业产值占全国设计产业总产值的一半以上。

（二）伦敦西区文化艺术聚集区

伦敦西区（WestEnd）基本延续了20世纪30年代的格局。目前，伦敦西区是与纽约百老汇齐名的世界两大戏剧中心之一，“西区剧院”（West End Theatre）特指由伦敦剧院协会（The Society of London Theatre）管理、拥有或使用的49家会员剧院。西区剧院占伦敦全部剧院的近一半左右（伦敦共有剧院约100家）。除金融城的巴比肯中心、泰晤士河南岸的国家剧院和老维克剧院、摄政公园的露天剧院以及萨瑟克的莎士比亚环球剧院等少数剧院外，这49家剧院大多数都集中在沙夫茨伯里和海马克特两个街区、方圆不足2.59平方千米的范围内。西区已经成为伦敦一个重要的文化创意产业聚集区，对英国产生了较大的经济社会贡献。

（三）伦敦SOHO传媒产业聚集区

英国伦敦的SOHO区指的是牛津街、查令十字街、沙夫茨伯里街和摄政王街包围而成的地区，是目前世界上最成熟、最典型的创意产业集聚区之一。迄今为止，已有数以百计的影视制作公司进驻SOHO区，和区内众多的广告制作、音乐、摄影、设计公司以及休闲娱乐场所一起，构成了一个产业结构密集，以媒体企业为主的文化创意产业聚集区。

（四）英国谢菲尔德文化产业园

谢菲尔德文化产业园区（CIQ）占地30公顷，位于谢菲尔德市政治与商业中心的东南方。谢菲尔德市曾以“钢铁城市”著称，20世纪中期之后钢铁业逐渐衰落。到70年代晚期，市内出现了一批先锋乐队。这些乐队利用弃置的厂房作为创作基地，改变了当地的经济和文化生态，为社区注入了新的经济活力。市政府为推动音乐产业等相关产业发展，促进城市经济转型，开始规划建设谢菲尔德文化产业园，并出台了一系列政策推动园区发展。

目前，已经集聚了谢菲尔德媒体与展览中心有限公司、谢菲尔德独立电影公司、BBC 谢菲尔德电台、约克郡艺术社会工作室、约克郡银幕委员会、海兰姆大学北方媒体学院等 300 多家文化组织和小型企业，主要从事电影、音乐、电台节目制作、新媒体、设计、摄影、表演艺术及传统工艺创作活动等。园区还开展了谢菲尔德纪录片电影节、Lovebytes 数字艺术节等一批知名的文化创意活动。

（五）加拿大 BC 省动画产业园区

不列颠哥伦比亚省（BritishColumbia, 简称“BC 省”）位于加拿大西部，是北美通向亚太地区的重要门户，是北美影视拍摄和制作的重要基地。BC 省动画产业兴起于 20 世纪 80 年代，大部分合同都来自美国，最初只是为了给美国公司提供初期的艺术作品、设计图样、故事模板、动画、配音配乐和声音合成等服务。20 世纪 90 年代中期开始，由于其制作质量优良、创意独特、交货及时且预算合理，BC 省动画产业园与国外厂商合作制片的现象越来越普遍。到 20 世纪 90 年代后期，BC 省动画产业制作的原创作品越来越多，并同美国或欧洲的公司共同拥有作品版权，园区发展进入了新的阶段，成为北美重要的影视制作与动画产业中心。

（六）德国汉诺威博览中心

汉诺威是德国下萨克森州首府，北德重要的经济文化中心，由于会展业发达被誉为“世界会展之都”。它承办过两届世界博览会，在全球前 5 大展览会中有 3 个在汉诺威举行；拥有世界上最大的展览场馆——汉诺威博览中心和世界第一大展览公司——汉诺威展览公司。

汉诺威博览中心占地 100 万平方米，内有 1 万至 2 万平方米的巨型展厅 24 个。室内展出面积共达 47.9 万平方米，露天展场 27.8 万平方米，还配备有功能齐全的会议中心。汉诺威博览中心每年都吸引 250 多万观众前往参观；每年吸引的展商约在 2.5 万到 3 万家，其中 30% 以上来自德国以外，净展出面积达到 160 多万平方米。

（七）洛杉矶好莱坞电影城

好莱坞位于美国加利福尼亚州洛杉矶市郊区，是美国著名的电影生产基地。20 世纪以前，美国的电影中心在东部纽约。1907 年，导演弗朗西斯•伯格斯（Francis Burgess）带领他的摄制组来到洛杉矶，拍摄《基度山伯爵》。从此以后，许多电影公司纷纷来这里拍片，开始了美国电影业向好莱坞的转移。1912 年起，许多电影公司在好莱坞落户，包括米高梅公司、派拉蒙公司、二十世纪福克斯公司、华纳兄弟公司、雷电华公司、环球公司、联美公司、哥伦比亚公司等八大影视公司，开创了“好莱坞大制作片场时代”。它们垄断了美国的电影制作、发行、放映三个环节，以电影制片人为中心，设有创作部、演员部、技术部等，各部门分工合作负责影片生产的各个环节。影片制作完成后在八大公司经营的院线放映，获取利润。20 世纪五六十年代受电视的兴起等因素的影响，美国电影业曾一度陷入困境。进入 60 年代末，各大电影公司开始合并重组，好莱坞迎来了“新好莱坞”时代，电影公司不再单纯是电影的生产机构，而是形成了集电影制作、有线电视网络、国际新闻出版网络、互联网于一身的跨国横向媒体巨头，并开始涉足金融、工业和商业等领域。较为完整的电影产业链条进一步巩固了好莱坞在美国以及全球电影产业中的领先地位。